MAIORA TIBI

監修者――木村靖二／岸本美緒／小松久男／佐藤次高

［カバー表写真］
サン・カンタンの戦いのときのフェリペ２世
（1560年，アントニオ・モロ画，エル・エスコリアル修道院蔵）

［カバー裏写真］
エル・エスコリアル修道院

［扉写真］
レパント沖の海戦の勝利に息子ドン・フェルナンドを
神に捧げるフェリペ２世
（1573～75年，ティツィアーノ・ヴェチェッリオ画，プラド美術館蔵）

世界史リブレット人52

フェリペ2世

スペイン帝国のカトリック王

Tateishi Hirotaka
立石博高

目次

「南の悪魔」

十六世紀後半、スペイン君主国▲のフェリペ二世（在位一五五六～九八年）は、その領土のどこかで常に太陽が昇っている「太陽の沈まぬ帝国」に君臨し、「地球だけでは足りない Non Sufficit Orbis」とその覇権を豪語した。それは広大な版図を治めていたという意味では事実であるが、国王の権力が支配領域の隅々におよんでいたかというと、決してそうではなかった。この時期から次第に、総称としてスペイン君主国、スペイン帝国という言葉が使われようになるが、フェリペ二世の正式な称号は▲、これまでに歴代国王が中世から漸次拡大してきた領土それぞれの称号を列挙したものであって、「スペイン国王」ではなかった。かつては初期絶対主義と規定されたこともあったが、スペイン君主国

▼スペイン君主国　「スペイン君主国（モナルキーア）」はスペイン・ハプスブルク家の支配領域全体を指す言葉。一般に「スペイン王国（レイノ）」とされるのは、カスティーリャ王国とアラゴン連合王国の同君連合による統治領域であり、「スペイン君主国」にはイタリア（ナポリ、両シチリア、ミラノなど）やネーデルラント、ポルトガル、そしてインディアス（新大陸）などの海外領土が加わる。

▼フェリペ二世の正式な称号　一五八一年のポルトガル国王即位後は、「神のご加護による、カスティーリャ、レオン、アラゴン、両シチリア、ポルトガル、ナバーラ、グラナダ、トレード、バレンシア、ガリシア、マジョルカ、セビーリャ、サルデーニャ、コルドバ、ムルシア、ハエン、アルガルベ、ヒブラルタル、カナリア諸島、西インドおよび東インド、大西洋の諸島と大陸、……の国王、ブラーバントとミラノの公爵、フランドル、……、バルセローナの伯爵、ビスカーヤとモリーナの領主、等々」が正式文書の肩書である。

はスペイン・ハプスブルク家によって治められる諸王国・諸領邦の集合的政体であって、それぞれは独自の政体を保持しつつ王権のもとに緩やかに統合されていたにすぎなかった。近年は、こうした支配の在り方は、「複合君主政▲」と称される。

　こうした統合を可能とするために、神聖ローマ皇帝（カール五世、在位一五一九～五六年）を兼ねる父王カルロス一世（在位一五一六～五六年）は、ヨーロッパの諸王国・諸領邦を定期的に訪れて、それぞれの地の君主としてふるまった。カルロスが「遍歴の国王」と称される所以である。だが、息子フェリペ二世はもっぱらスペインに留まり、事実上スペイン帝国の帝都となったマドリードを中心にして、広大な領土の統治をおこなった。分野別と地域（支配領域）別の顧問会議（コンセーホ▲）を整備して、手元に届く膨大な報告書に丹念に目を通したことで、「書類王」と呼ばれた。そして往々にして帝国行政の停滞をもたらしたものの、その慎重で配慮深い姿勢から、「慎重王」とも呼ばれた。

　一方、スペイン君主国は「カトリック君主国」とも称されたように、カトリック信仰が諸王国・諸領邦の統合原理に据えられていた。特にトリエント公会

▼複合君主政　複合君主政あるいは複合国家は、近世ヨーロッパにおいて複数の王国・領邦を支配する政体のこと。統治にあたっては、「等しく重要なもの同士の」合同といわれたように、合同状態に包摂された諸王国・諸領邦の地域特権を尊重し、それら地域政治体の支配層と王権の同盟を不可欠とした。

▼分野別顧問会議　機能ごとの分野別顧問会議には、財務会議、国務会議、十字軍会議、宗教騎士団会議、異端審問会議があった。

▼地域別顧問会議　地域別の顧問会議は、もともとはカスティーリャ会議とアラゴン会議であったが、前者からインディアス会議がわかれ、後者からイタリア会議がわかれ（一五五五年）、さらにポルトガル会議（一五八二年）とフランドル会議（一五八八年）が設けられた。

▼トリエント公会議　一五四五年から六三年にかけてイタリアのトリエント（トレント）で開かれたカトリック公会議。プロテスタントに対するカトリック教会の立て直しを図って、その決定事項は対抗宗教改革の拠り所となった。

議▲後、対抗宗教改革の盟主となって「宗派体制化▲」を強化して、カトリック的規範にもとづく社会・習俗の規律化に尽力したのがフェリペ二世であった。

そうした信教国家スペインの動きに反発したのが、なによりもカルヴァン派▲の浸透したオランダであった。オランダ独立戦争（一五六八〜一六四八年）の立役者となったオラニエ公ウィレム▲は、一五八一年に『弁明の書』を刊行して不寛容で狂信的な為政者としてフェリペ二世を糾弾した。のちに「黒い伝説」（四頁用語解説参照）と呼ばれるようになるフェリペ二世弾劾の始まりであった。

十七、十八世紀とスペイン・カトリック王国がヨーロッパ諸国のなかで政治的地位を低下させ、社会の近代化に後れをとるなかで、フェリペ二世は侮蔑の対象でしかなくなった。啓蒙思想家ヴォルテール（四頁用語解説参照）が、『弁明の書』の信憑性を疑わずに、「ヨーロッパ諸国を混乱に陥れた」ために当時の人びとはフェリペ二世を「南の悪魔」と呼んだと断言したことは、二十世紀にいたるまでその君主像に歪みをもたらすことになった。

しかし近年、『弁明の書』などに盛り込まれた多くの「黒い伝説」が史料的に反駁されることになり、あらためて時代のなかの等身大の君主像が描かれる

▼宗派体制化　アウクスブルクの宗教和議（一五五五年）で「領土が属するところの者に宗教も属す」の原則が確立して以後、プロテスタントであれ、カトリックであれ、各王国・領邦の支配者は、その宗派的立場を明確にするとともに、臣民・領民の信仰上の一体化を進める傾向が強まった。スペイン君主国はもともとカトリックの信教国家であり、異端審問制度などを通じて宗教的統制を強化した。

▼カルヴァン派　カルヴァン（一五〇九〜六四）を始祖とするプロテスタントの一派で、スイスからフランス、オランダ、イングランドなどへ広まった。神の絶対的意志を強調して禁欲主義を重視し、カトリック教会の礼拝儀礼を否定した。

▼オラニエ公ウィレム（一五三三〜八四）　ドイツ出身のオランダ独立戦争初期の指導者で、「沈黙公」として知られる。スペインの専制に対する貴族の反抗に加わり、一時亡命したが、帰国して反乱側の指導者となった。一五八四年、狂信的なカトリック教徒に暗殺された。以後、オラニエ家の家系が中心になって対スペイン戦争を継続した。

ようになっている。「近親相姦を犯し、息子を殺し、妻を暗殺した」といった妄言から離れて、「複合君主政」のかなめであった国王フェリペ二世が、なにゆえに「信教国家」に拘泥するにいたったかを冷静に見直すことが必要である。ただし、フェリペは一五四三年に初めて父王カルロスの国王代理になってから死去するまで優に半世紀以上も王国の統治に携わっている。本書では、幼少期から父王の指示のもとで帝王教育を授けられ、さらに国王として広大な領土に君臨するなかで培われたフェリペの人物像をみることにするが、国内外の政治状況のなかで、統治理念や統治技法がそのときどきに変化していることに注目したい。

なおフェリペ二世に関する研究は、一九九八年のフェリペ没四〇〇周年を前後して飛躍的に深まった。特に本書参考文献に掲げたフェルナンド・ボウサ▲の研究は、フェリペの家族愛を知るうえで貴重である。さらに、ヘンリー・ケイメン▲とジェフリー・パーカー▲の総合的研究はどちらも参照不可欠のものだが、フェリペの果たした役割についての二人の評価は対照的である。ケイメンは、同時代の社会、文化、宗教の諸状況に制約されたフェリペ像に力点をおく一方、

▼黒い伝説　この言葉の由来は、二十世紀初頭のフリアン・フデリーアスの論文「黒い伝説と歴史の真実」によるとされる。フデリーアスは一般的に他国の歴史に対する中傷的見方という意味で使ったが、それまで批判・非難対象であったスペイン帝国とフェリペ二世の歴史像が、反駁・擁護の立場からの「黒い伝説」として悪意や偏見に満ちたものだと糾弾される。

▼ヴォルテール（一六九四〜一七七八）　フランス啓蒙主義の代表的思想家。合理主義的精神にもとづいてカトリック教会や社会制度の悪弊を糾弾し、寛容を説いた。『諸国民の風俗と精神について』（一七五六年）で、オラニエ公ウィレムの『弁明の書』に依拠してフェリペ二世への非難を展開している。

▼フェルナンド・ボウサ（一九六〇〜）　スペインの歴史研究者で、マドリード大学教授。専門はスペイン君主国に関する文化史研究で、『娘たちに宛てたフェリペ二世の書簡』（一九九八年）で二人の娘への書簡に詳細な注解を添えている。

パーカーはこれを環境決定論として批判し、フェリペが自らの判断で「彼の長い生涯にわたってほとんど毎日、さまざまな決定をくだしていた」と強調する。いずれにせよ、フェリペもまた十六世紀という時代の落し子であったことに変わりはない。そのうえで、時代に抗ったフェリペについてみることは、一人の人物の限界と豊かさを知ることになろう。

▼**ヘンリー・ケイメン**(一九三六〜) イギリスのスペイン史研究者で、二〇〇二年までバルセローナの高等学術研究院教授を務めた。近世スペインについて、『スペイン異端審問——歴史的修正』(一九九七年)など、通説に挑む数多くの書物をあらわしている。『スペインのフェリペ』(一九九七年)も、フェリペ二世没後四〇〇周年(一九九八年)に向けての論争に一石を投じた。

▼**ジェフリー・パーカー**(一九四三〜) イギリスのヨーロッパ史研究者で、現在はオハイオ州立大学教授。近世ヨーロッパの軍事社会史についての数々の書物をあらわす(邦訳に『長篠合戦の世界史』がある)。それとともにフェリペ二世の人物研究を小著『フェリペ二世』(一九七八年)から絶えず深めてきて、『フェリペ二世の大戦略』(一九九八年)を経て、大著『慎重ならざる国王——フェリペ二世の新たな生涯』(二〇一四年)の刊行にいたる。

①—カトリック王朝国家の君主への道

ハプスブルク家の継承王子

　カスティーリャ王国のイサベル一世とアラゴン連合王国のフェルナンド二世の次女フアナとネーデルラント▲のブルゴーニュ公フィリップ四世のあいだに生まれたカルロス一世は、母フアナの継承領土と父フィリップの継承領土を相続したばかりか、フィリップの父マクシミリアン一世の神聖ローマ皇帝位を受け継ぐことにも成功して、ヨーロッパにおけるハプスブルク家▲の版図を最大にしていた。しかし、イタリアの支配をめぐって抗争していたフランス王国を牽制するために、同王国を包囲するかたちを維持するようイングランドとの友好関係を重視するとともに、イベリア半島でポルトガルとの安定した同盟を築くことを優先せねばならなかった。

　イングランドのヘンリー八世はカルロスの叔母カタリーナ(キャサリン)を妻に迎えていたが、娘のメアリー王女(二一頁参照)とカルロスの結婚は条件が折り合わずに頓挫した。するとカルロスは、ただちにポルトガルのマヌエル一世

▼ネーデルラント　おおよそ現在のベルギー、オランダ、ルクセンブルクの三カ国(ベネルクス)にあたる低地地方(低地諸国)。

▼ハプスブルク家　もともとは現在のスイス領内発祥のドイツ系貴族だが、政略結婚などによって次々と領土を拡大し、ドイツ東南部の有力貴族となり、同家は十五世紀半ばより神聖ローマ皇帝位を独占する。十五世紀後半の婚姻政策でネーデルラントなどを相続し、カール(一五〇〇〜五八)のときにスペイン王位(カルロス一世、在位一五一六〜五六)と神聖ローマ皇帝位(カール五世、在位一五一九〜五六)を兼ねてヨーロッパの版図を最大にした。

イサベル一世（一四五一～一五〇四、在位一四七四～一五〇四）　スペインのカスティーリャ王国の女王。一四六九年に隣国アラゴン連合王国のフェルナンド王子と結婚、七四年に異母兄エンリケ四世が死去すると即位宣言し、エンリケの娘ファナとの王位継承戦争に勝って、地位を安定させる。七九年にフェルナンドがアラゴン王に即位し、両人の共同統治によって「スペイン王国」が成立したとされる。その当初の実態は同君連合であった。

フェルナンド二世（一四五二～一五一六、在位一四七九～一五一六）　一四六九年にカスティーリャのイサベルと結婚、七四年にイサベルがカスティーリャ女王となるとフェルナンドは共同統治王（カスティーリャ王フェルナンド五世、在位一四七四～一五〇四）となり、七九年にはアラゴン王に即位。政治、外交、軍事に手腕を発揮し、当時のマキアヴェッリはその力量を高く認めている。

ファナ（一四七九～一五五五）　イサベルとフェルナンドの娘で、カルロス一世の生母。父母の領土を継承して形式的にはカスティーリャ女王（一五〇四～五五）、アラゴン女王（一五一六～五五）だったが、「狂女王」と称され、統治不能のために幽閉生活を送った。一五一六年にフェルナンドが死去すると、ファナの息子カールがカスティーリャ王国とアラゴン連合王国の相続を宣言し、スペイン王カルロス一世となる。

イサベル一世（右）**とフェルナンド二世**

マクシミリアン一世（後列左）**と家族**（後列中央がフィリップ四世）

ブルゴーニュ公フィリップ四世（一四七八～一五〇六）　神聖ローマ皇帝マクシミリアン一世とブルゴーニュ女公マリーの長子で一四八二年にブルゴーニュ公の称号を継承するが、実際の所領はネーデルラントであった。九六年にカスティーリャ王女ファナと結婚し、一五〇四年にイサベルの死去を受けてファナがカスティーリャ女王になると妻との共同統治を主張してカスティーリャ王フェリペ一世を名乗る。しかし〇六年、カスティーリャを訪れてまもなく急死し、この死で正気を失ったファナは城館に幽閉された。

マクシミリアン一世（一四五九～一五一九）　ハプスブルク家の神聖ローマ皇帝（在位一四九三～一五一九）。ブルゴーニュ女公マリー（一四五七～八二）と結婚してその遺領を継承し、ハプスブルク家の全世襲領を統合し、一四九五年には一連の帝国改革を実施した。長子フィリップをスペインの王女ファナと結婚させ、のちにハプスブルク家がスペイン王位を継承する基礎を築いた。

ヘンリー八世（一四九一〜一五四七）　テューダー朝のイングランド王（在位一五〇九〜四七）。亡兄アーサーの妻キャサリンと結婚したが、のちに離婚を決意。離婚問題で教皇と衝突し、議会の協力のもとに国王至上法（一五三四年）を制定してイギリス国教会を誕生させた。

カタリーナ（一四八五〜一五三六）　スペインのイサベルとフェルナンドの娘で、イングランド王ヘンリー七世の子アーサーと結婚し、その死後、弟ヘンリー八世の最初の王妃となる。英語名はキャサリン・オブ・アラゴン。女子のメアリー（のちの一世）をもうけるが、ヘンリー八世から離婚される。

マヌエル一世（一四六九〜一五二一）　ポルトガル王（在位一四九五〜一五二一）。インド航路やブラジルの「発見」、アジアへの商圏拡大などの海外進出を進めて、ポルトガル海洋帝国を築いた。

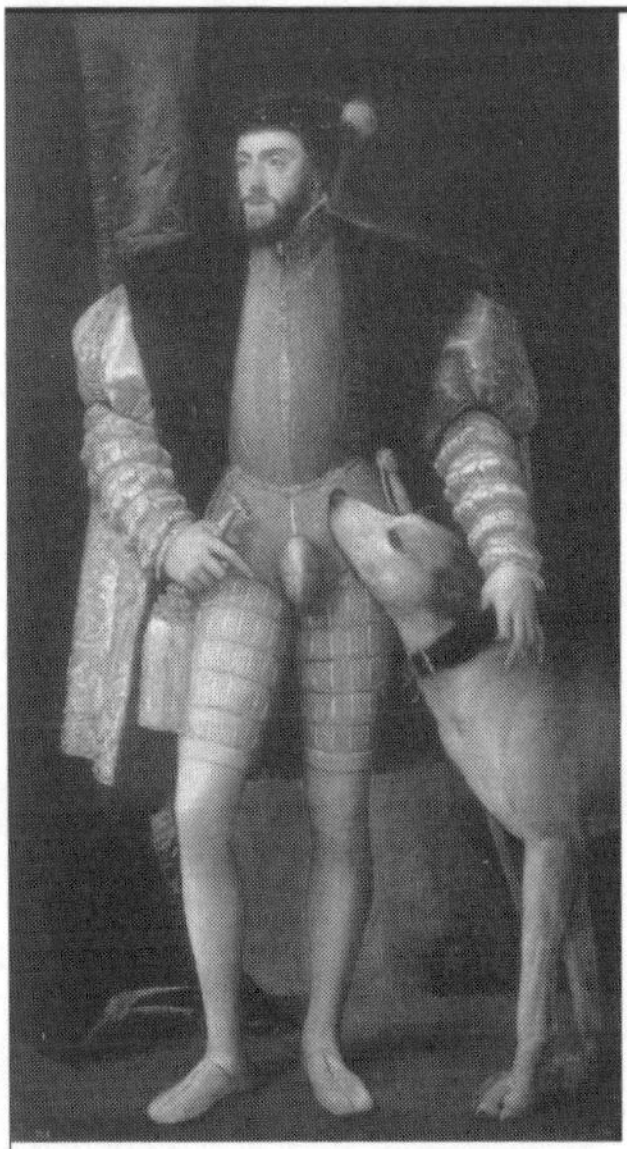

カルロス一世

イサベル・デ・ポルトガル

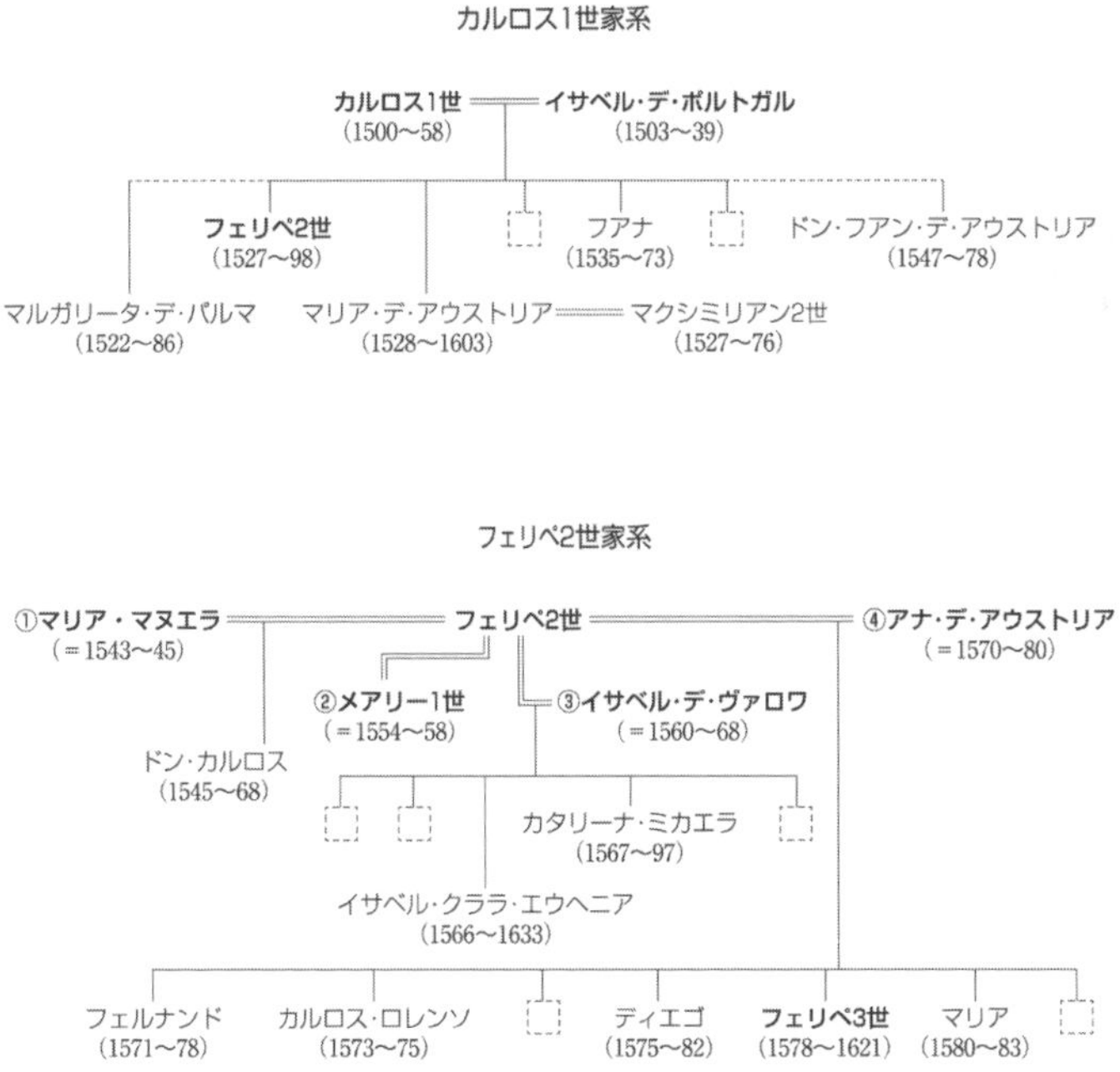
カルロス1世家系
カルロス1世 (1500〜58)
イサベル・デ・ポルトガル (1503〜39)
フェリペ2世 (1527〜98)
フアナ (1535〜73)
ドン・フアン・デ・アウストリア (1547〜78)
マルガリータ・デ・パルマ (1522〜86)
マリア・デ・アウストリア (1528〜1603)
マクシミリアン2世 (1527〜76)
フェリペ2世家系
①マリア・マヌエラ (＝1543〜45)
フェリペ2世
④アナ・デ・アウストリア (＝1570〜80)
②メアリー1世 (＝1554〜58)
③イサベル・デ・ヴァロワ (＝1560〜68)
ドン・カルロス (1545〜68)
カタリーナ・ミカエラ (1567〜97)
イサベル・クララ・エウヘニア (1566〜1633)
フェルナンド (1571〜78)
カルロス・ロレンソ (1573〜75)
ディエゴ (1575〜82)
フェリペ3世 (1578〜1621)
マリア (1580〜83)

ハプスブルク家系図

に接近して、一五二六年、その王女イサベル▲を妻に娶《めと》ったのである。そして翌年五月二十一日、スペインのやや北方の町バリャドリーで、フェリペは誕生した。

以後、カルロスは、カタリーナと離婚してイングランド国教会を築こうとするヘンリーに対してイングランドとフランスの安定的関係の樹立に楔《くさび》を打ち込もうとする一方、フランスとのイタリア戦争▲の勝利に向けて邁進《まいしん》した。同時に、神聖ローマ帝国内の宗教改革やドイツ諸侯の反乱、さらにはオスマン帝国の脅威に悩まされていたカルロスは、七年間の滞在を経て一五二九年にスペインを離れると、時折の短い帰国を除けば、ヨーロッパと北アフリカの各地での戦争に明け暮れた。そして四三年からは不在を続け、スペインに戻ったのは退位後の五六年であった。その二年後、カルロスはエストレマドゥーラのクアコス・デ・ユステにあるユステ修道院で息を引き取った。

父カルロスは長いあいだ不在であったが、王位継承王子とされたフェリペの帝王教育は、カルロスの指示のもとで綿密におこなわれた。カルロス不在中のスペイン(カスティーリャ王国、アラゴン連合王国と付随の領土)統治は、一五三

▼イサベル・デ・ポルトガル（一五〇三〜三九）　ポルトガル王マヌエル一世とマリア・デ・アラゴン・イ・カスティーリャ（フェルナンド五世とイサベル一世の三女）の長女で、ポルトガル語名はイザベル。一五二六年にカルロス一世と結婚して、ハプスブルク家とポルトガルのアヴィス家の結びつきを強固にした。

▼イタリア戦争　フランスのヴァロワ家とドイツ＝スペインのハプスブルク家とのあいだのイタリア覇権をめぐる十六世紀前半の戦いで、ハプスブルク・ヴァロワ戦争とも呼ばれる。教皇庁やイタリア都市国家を巻き込んで、一五五九年のカトー・カンブレジ条約締結まで断続的に続いた。

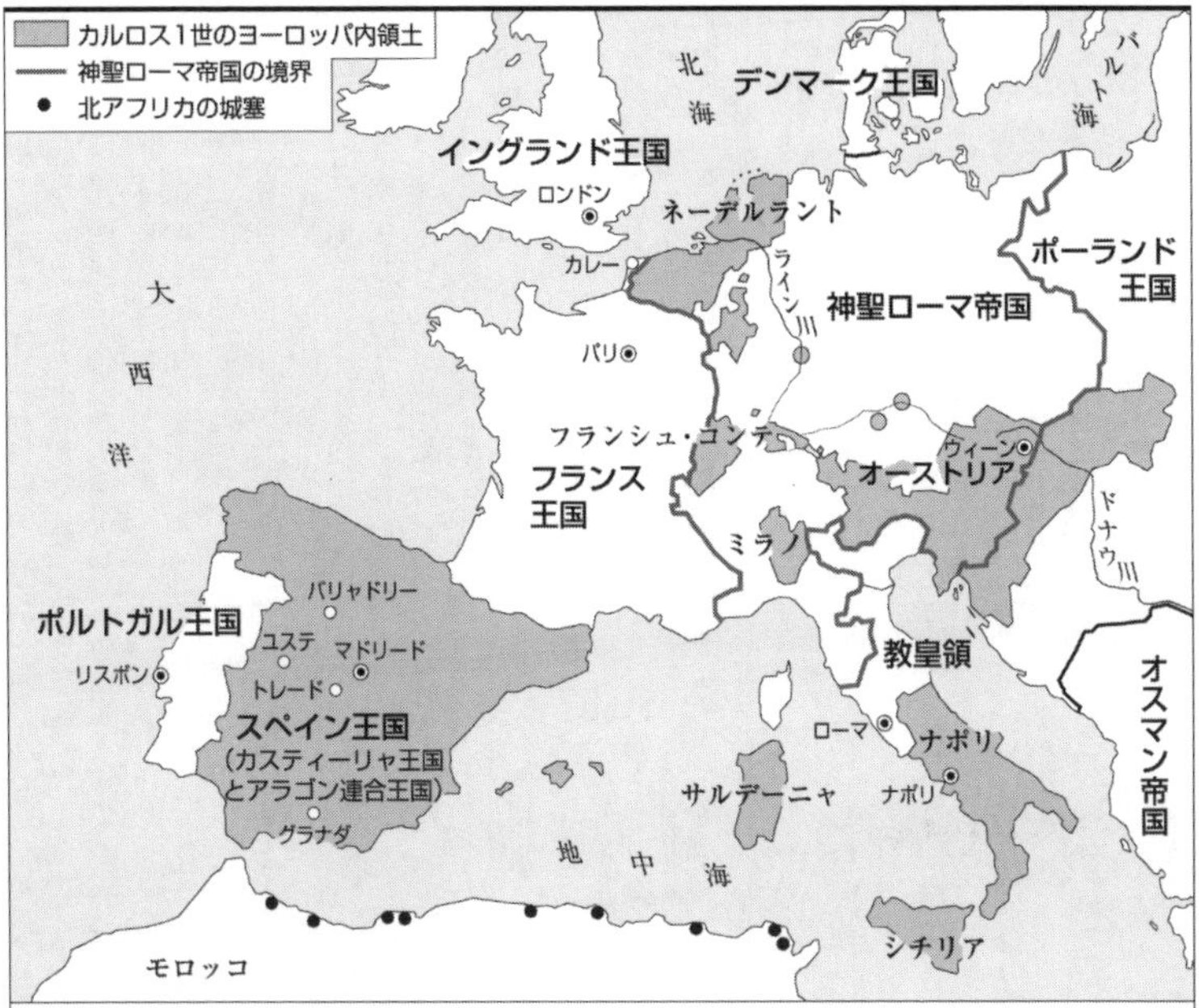
カルロス1世のヨーロッパ内領土
神聖ローマ帝国の境界
北アフリカの城塞
北海
デンマーク王国
バルト海
イングランド王国
ロンドン
ネーデルラント
カレー
ライン川
ポーランド王国
神聖ローマ帝国
大西洋
パリ
フランシュ・コンテ
ウィーン
オーストリア
フランス王国
ドナウ川
ミラノ
バリャドリー
ポルトガル王国
ユステ
マドリード
リスボン
トレード
教皇領
オスマン帝国
ローマ
スペイン王国
（カスティーリャ王国とアラゴン連合王国）
ナポリ
ナポリ
サルデーニャ
グラナダ
地中海
シチリア
モロッコ

●——十六世紀前半のヨーロッパ

九年に亡くなるまではイサベル王妃に託され、時代の慣例に倣ってフェリペの養育はイサベルの手配した女官たちが担い、強い信仰心が涵養《かんよう》されたとされる。しかし帝国の担い手たるには「騎士」としての教育が急がれた。一五三五年、カルロスはフェリペに独立のハウスホールド（宮家）▲を構えるよう命じて、守役にはファン・デ・スニガ▲を、主任家庭教師にはファン・マルティネス・シリセオ▲をあてた。スニガはカルロスの執事長だった側近中の側近で、騎士道と狩猟の技に加えて厳しい自己抑制の姿勢をフェリペに躾けたとされる。シリセオはフェリペの教育全般を担い、ユダヤ教徒の忌避と「古くからのキリスト教徒」という価値観をフェリペに教え込んだとされる。シリセオは、のちにトレード大司教となって、四七年に同聖堂参事会に「血の純潔規約」▲を導入している。こうした教育の成果であろう。スニガは、カルロスに「王子は神への恐れを、比類ないほどきわめて自然に身につけている」と誇らしげに伝えている。

自己抑制を発揮したとされるエピソードがある。一五三九年五月、母イサベルが息を引き取り、修道院に籠るカルロスに代わってフェリペは、はるばるトレードからグラナダへの葬列を司り、王室礼拝堂では長旅で腐敗した遺体の埋

▼ハウスホールド（宮家）　近世の王室は、国王、女王、王太子などがそれぞれに居住建物と奉公人からなる「家」（スペイン語では「カサ」）を構えていた。フェリペ王子の「家」であるために、ここでは「王の家」と区別して宮家とする。

▼ファン・デ・スニガ（一四八八～一五四六）　有力なカスティーリャ貴族で、のちにカルロス一世となるカールが幼少の頃よりフランドルの宮廷につかえて、一五二四年に執事長となった。三三年にスペインに戻り、三五年に王太子フェリペの守役、三九年にはその執事長となる。

▼ファン・マルティネス・シリセオ（一四七七～一五五七）　平民出身の聖職者で、バレンシアやパリで学んだのちにサラマンカ大学論理学教授となる。王太子フェリペの主任家庭教師を務めたのちは、カルタヘーナ司教を経て一五四五年にトレード大司教となる。

▼血の純潔規約　少なくとも三世代前に遡って「ユダヤ教徒やモーロ人の血が混じらない」という規定で、

葬に立ち会った。このときフェリペはまだ一二歳にも達していなかった。
この年の十一月にカルロスは生まれ故郷であるネーデルラントのヘントの反乱▲に対処するためにスペインを離れた。このとき初めてフェリペはスペイン統治のための国王代理となった(〜四一年)。カルロスはこまごまとした「訓令」を息子に与えているが、神への愛と教会の擁護に加えて、ハプスブルク家親族に最大の信頼をおくことを要請している。ただ実際の統治は側近であるスニガやフランシスコ・デ・ロス・コボス▲に委ねられていた。

為政者としてのスタート

一五四一年にいったんスペインに戻ったが、カルロスの主たる関心事は神聖ローマ皇帝としてハプスブルク家の所領をいかに安定化させ、同家親族に無事に継承させるかにあった。スペインの統治は大きな問題を抱えていなかったが、先に述べたように神聖ローマ帝国内の課題は山積みであり、四三年、カルロスは一六歳の成人に達したフェリペを国王代理に指名してスペインを離れることになった。

特定の団体に入会するにあたってこの証明が要求された。十五世紀半ばから徐々に広がりをみせ、十六世紀後半には、信徒会、修道会、学寮、各種団体が「血の純潔規約」を採用している。

▼ヘントの反乱　一五三九年に現在のベルギーの都市ヘントで起こった民衆反乱。反乱者は、神聖ローマ皇帝であるカルロス一世が重税を課し、もっぱらイタリア戦争などにそれを浪費していると非難した。反乱は、カルロスが現地におもむいて厳しい態度で臨み、終息した。

▼フランシスコ・デ・ロス・コボス（一四七七〜一五四七）　カスティーリャのウベダ出身の貴族で、一五二〇年代末にカルロス一世の秘書官となる。スペイン国政に関してもっとも信頼された。

だがスペイン統治に関する重要な指示は、カルロスによって国外からフェリペに伝達されていた。スペインにとっては、まずはトラスタマラ家▲からハプスブルク家に代わった王朝の連続性を確保することが大切であった。そこで一五四三年、フェリペの結婚相手となったのがポルトガル王女マリア・マヌエラ（一一頁参照）であった。マリアは同い年で、父方でも母方でもフェリペの従妹にあたった。中世末以来、ヨーロッパの王家では王朝の安定的継続を図るとともに相手方が継承者に恵まれない場合に王位継承権を唱える可能性をもたせるために、近親結婚が多くなっていたが、ハプスブルク家の場合にはその頻度が高かった。おそらくはその弊害から、四五年七月にフェリペとマリアのあいだに生まれたドン・カルロス▲は、さまざまな異常を来してフェリペを悩ますことになる。なおマリアは出産の四日後に命を落とし、フェリペはわずか一八歳で寡夫となった。

フェリペは、カルロスがふたたび不在となるなかで王太子妃マリアの死去前からイサベル・デ・オソリオ▲を愛人とするなど、謹厳な父への反抗的態度もみせている。同時に、スペイン人家臣に進言されて、キリスト教普遍帝国を追求

▼トラスタマラ家　十四世紀半ばの王位継承戦争に勝ったトラスタマラ伯エンリケ（エンリケ四世）から始まるカスティーリャ王国の王家で、その後に分家がアラゴン連合王国の王位をえて、十五世紀末のカスティーリャのイサベル一世とアラゴンのフェルナンド二世の結婚で、トラスタマラ家がポルトガルを除くイベリア半島の諸国を支配することになった。イサベルとフェルナンド、すなわち「カトリック両王」と称された二人の領土は、トラスタマラ家の継承者を欠いて、両王の娘ファナの長男であるハプスブルク家のカルロスが受け継ぐことになった。

▼ドン・カルロス（一五四五～六八）　フェリペとマリア・マヌエラのあいだに生まれて王位継承王子となるが、幼少より病弱で反抗的で、父への反逆行為がもとで逮捕され、幽閉中に二三歳で死去。「黒い伝説」では、残虐な父フェリペに殺された悲劇的人物として描かれる。十九世紀のシラーの戯曲『ドン・カルロス』やヴェルディのオペラ『ドン・カルロ』は、そうしたドン・カルロス像を増幅させた。

してカスティーリャ王国に戦費の負担を迫るカルロスに対して、「いかに正義に適っていようとも幾度もの戦争が引き起こしている損害」にスペインの諸国は耐え難くなっており、和平の実現に向けて努めてほしいと要望している（一五四四年二月四日と九月十七日付のフェリペのカルロス宛書簡）。一五六〇年代以後、数々の戦争でスペインを疲弊させるフェリペだが、このときには父カルロスの帝国的政策に必ずしも同調していなかったことに注目したい。

　カルロスが、イベリア半島のなかで特にカスティーリャ王国に財政的負担を強く求めたのには大きな理由があった。イベリア半島の諸王国は、ポルトガルを別として、十六世紀初めにはカスティーリャ王国（グラナダ王国とナバーラ王国を併合。これに新大陸インディアスが加わる）とアラゴン連合王国（アラゴン王国、カタルーニャ公国、バレンシア王国の連合体）にまとめられていたが、カスティーリャとアラゴンのあいだには領土的にも人口的にも大きな格差があり、経済成長を反映してカスティーリャは人口増加も著しかった。加えて、アラゴンでは中世以来の統治契約主義▲の伝統に縛られて王権の浸透が弱かったのに対して、カスティーリャではコムニダーデス反乱▲を鎮圧した王権は王国議会をし

▼イサベル・デ・オソリオ（一五二二〜八九）　ブルゴスの下級貴族の家門出身の女性で、フェリペ二世の母イサベルの女官となり、その死後にフェリペの妹ファナにつかえた。フェリペ二世の愛人であったとされ、フェリペがイサベル・デ・ヴァロワと結婚するまで両者の関係は続き、庶子が二人もうけられたとされる。

▼統治契約主義　ヨーロッパ諸国では近世になると王国議会（身分制議会）の権限は弱まり、王位継承権承認や課税協賛権も形骸化した。しかしアラゴン連合王国では統治契約主義（パクティスモ）の伝統が根強く、課税協賛と引き換えに国王が議会の請願に応えることを強く求め、たびたび紛糾を招いた。

▼コムニダーデス反乱（一五二〇〜二一）　スペインのカスティーリャ王国諸都市で起こった反王権反乱。国王カルロス一世が神聖ローマ皇帝選出にあたって多額の費用をカスティーリャ王国議会に求め、これに反発した諸都市は誓約団体（コムニダーデス）を結成して、国王代官や都市寡頭支配層を攻撃した。途中から大

貴族が国王支持にまわり、反乱側の内紛もあって一五二一年に鎮圧された。この結果、寡頭支配層の王権への依存が深まり、王国議会は王権の帝国政策に翻弄された。

っかり統制していたからである。

フェリペに期待されたのは、ヨーロッパ諸国に広まるプロテスタントの宗教改革に対する伝統的カトリック信仰の擁護者であるとともに、スペインの君主に留まらず、ハプスブルク家の持つドイツ、ネーデルラント、イタリアなどの広大な領土の支配者となることであった。そこでカルロスは、一五四八年、フェリペのハウスホールドの作法をカスティーリャの伝統的なものからブルゴーニュ風に代えることを指示して、父方の家系の伝統を宮廷儀礼に反映させることにした。さらに同年十一月から五一年七月にかけて、イタリア、ドイツ、ネーデルラントをめぐる「至福の旅行」と称された大旅行をおこなわせて、これらの地に広がる諸王国・諸領邦の君主になる定めにあることをフェリペに意識させたのであった。同時に、各地の臣民に将来の君主としてフェリペを受け入れるよう促したことはいうまでもない。

一五四九年春にカルロスは息子フェリペとの六年ぶりの再会をネーデルラントのブリュッセルで果たし、同地の臣民にフェリペへの忠誠を誓わせた。だが陽気さを欠いて言葉も通じないフェリペがよい評判をえるのは難しかったとさ

ナバーラ
バスク地方
フランス王国
ガリシア
パンプローナ
ペルピニャン
アラゴン
カタルーニャ
バリャドリー
サラゴーサ
バルセローナ
アラゴン連合王国
セゴビア
マドリード
トレード
ポルトガル王国
バレンシア
バレンシア
カスティーリャ王国
リスボン
コルドバ
アンダルシーア
セビーリャ
グラナダ
グラナダ
大西洋
地中海

●—十六世紀中頃のイベリア半島

れる。さらにカルロスは、自分が目論《もくろ》んでいたハプスブルク家親族間の領地継承問題の解決に失敗した。神聖ローマ皇帝位をやがてはフェリペに受け継がせたいという希望は断たれ、この時点でカルロスの弟フェルディナント▲の家系がオーストリア・ハプスブルク家▲となり、息子フェリペの家系がスペイン・ハプスブルク家▲となる構図が決定的になった。

以後、すでに老いを悟ったカルロスは、弟フェルディナントとの関係悪化は避けつつ、ネーデルラント、イタリアの支配地(ミラノ公国、ナポリ王国、サルデーニャ王国、シチリア王国)、そしてスペインをフェリペに無事に移譲すべく努力を傾けた。フランスのアンリ二世(在位一五四七～五九年)が国内の宗教改革の動きに厳しい態度で臨む一方、ドイツのプロテスタント諸侯と組んでトゥール、ヴェルダン、メスを占領したことで、フランス包囲網をあらためて強化する必要が生じた。そうしたなか、イングランドで王位継承のめぐりあわせからカルロスの叔母カタリーナの娘メアリー(二一頁参照)が初の女王となった。カトリック復活を目論むメアリーは、国教会に連なるプロテスタントを迫害し、親スペイン政策を進めようとした。カルロスはこの機会を逃さず、息子フェリ

▼フェルディナント(一五〇三～六四)　兄カルロスとは対照的にスペインで生まれ育ったが、カルロスがスペインを継承したのに対して、一五二一年、マクシミリアン一世の遺領分割でオーストリアを相続した。一五三一年にはアーヘンでローマ王(ドイツ王)の戴冠を受け、一五五六年、カルロスの退位を受けて神聖ローマ皇帝位を継承した(～六四)。

▼オーストリア・ハプスブルク家　一五五六年に兄カルロスの退位を受けて神聖ローマ皇帝となるオーストリア大公フェルディナントに始まるオーストリア系ハプスブルク家で、その後も神聖ローマ皇帝位を事実上世襲して、近代までハプスブルク帝国に君臨した。しかしこの帝国もスペイン君主国と同様に、オーストリア、ボヘミア、ハンガリー、北イタリアなどの諸王国・諸領邦の「複合君主政」国家であった。

▼スペイン・ハプスブルク家　神聖ローマ皇帝位を継承しなかったもののフェリペは、オーストリア家をしのぐ広大な領域支配を実現した。このフェリペのあと、フェリペ三世、フェリペ四世、カルロス二世とスペイン・ハプスブルク家の国王がスペ

イン君主国に君臨するが、十七世紀を通じて帝国の覇権とともに領土を漸次喪失していった。カルロス二世を最後にスペイン・ハプスブルク家は途絶え、スペイン継承戦争を経て、フランス系ブルボン家の王朝が始まる。

▼アルバ公フェルナンド・アルバレス・デ・トレード（一五〇七〜八二）　スペインの有力貴族である第三代アルバ公は、カルロス一世のために各地を転戦してプロテスタント勢力と戦った。さらに息子フェリペにつかえて、一五六七年にはネーデルラント総督に任じられたが、強硬姿勢に徹したために七三年に交代させられた。その後、八〇年のポルトガル王位継承戦争で活躍し、スペインのポルトガル併合に貢献した。

▼ルイ・ゴメス・デ・シルバ（一五一六〜七三）　ポルトガル出身の貴族で、フェリペが誕生すると侍従としてつかえて、フェリペがもっとも信頼をおく近従者となった。一五五九年にエボリ公の称号を得たほか数々の爵位を手にいれ、フェリペ二世の宮廷で「エボリ派」と呼ばれる一大勢力を形成した。

ペをその結婚相手に推奨したのである。

　ところでフェリペの三年におよぶ大旅行は、五百人を超える随員を抱えていた。当然この長旅は、やがてスペイン国王となるフェリペと廷臣たちとの関係を近しいものとした。すでにカルロスがフェリペのために配置していた重鎮のスニガやコボスは亡くなっていた。このときの執事長アルバ公フェルナンド・アルバレス・デ・トレード▲、侍従長ルイ・ゴメス・デ・シルバ▲、秘書官ゴンサーロ・ペレス（二〇頁用語解説参照）らは、のちに宮廷政治のかなめとなる。さらに、このときの随員から、フェリペが各地に派遣する副王（五三頁参照）、総督、大使が輩出する。

イングランドの王配

　メアリー一世の親スペイン政策は一部貴族の反乱を引き起こしたが、メアリーはこれを鎮圧してフェリペとの結婚へと進んでいった。カルロスは前もってナポリ王位をフェリペに譲って王同士の結婚ということでイングランド王位が与えられることを望んだが、イングランド議会は強固に反対した。結局、フェリペは「王配▲」の地位に甘んじ、自身がイングランド王国を継承する可能性はなかったが、メアリーとフェリペのあいだに生まれる子どもはイングランドとネーデルラントを継ぐことが取り決められた。

　こうして一一歳も年上のメアリーと政略結婚することになったフェリペは、一五五四年七月から五五年九月、そして五七年三月から七月までイングランドに滞在したが、世継ぎをもうけることはできなかった。メアリーは五八年十一月に死去し、フェリペのイングランドでの権限は消滅した。妹のエリザベス一世▲が即位すると、フェリペは求婚するが受け入れられなかった。エリザベスがプロテスタント宗教政策を厳格化するのはまだ先のことであるが、カトリックへの復帰はもはや考えられなかった。

　一五五四年から五八年のあいだ、イングランドとの同盟関係を樹立できたおかげで、カルロスは息子フェリペへの権力移譲を大きな混乱を伴わずにおこなうことができた。五五年九月、「アウクスブルクの宗教和議▲」でドイツ諸国でのルター派容認を余儀なくされたが、イングランドからネーデルラントに息子フェリペを呼び出して、同年十月にブリュッセルでブルゴーニュ公爵位からの

▼ゴンサーロ・ペレス（一五〇〇～六六）　カスティーリャ下級貴族の家門出身で、カルロス一世とフェリペ二世に秘書官としてつかえ、特に国務会議秘書官としてフェリペ二世の外交政策決定に大きくあずかった。

▼王配　一般に女王の配偶者に与えられる称号で、王婿ともいう。共同統治王とは異なって国政への関与はときの政治状況によって異なったが、女王の死後は当該国での女王の配偶者としての政治的権威を失った。

▼エリザベス一世（在位一五五八～一六〇三）　ヘンリー八世とアン・ブーリンのあいだに生まれ、異母姉メアリー一世の死後、イングランド女王に即位。イングランド国教会を確立させ、カトリックとピューリタンの両者に抑圧的姿勢で臨む。フェリペ二世をはじめとして列強からの求婚を拒んで生涯独身を通し、イングランド海外発展の基礎を固めた。

▼アウクスブルクの宗教和議　カトリックとプロテスタントの対立を終わらせるために一五五五年、アウクスブルク帝国議会で結ばれた協定。ルター派が公認され、帝国諸侯・都市は宗教上の領域主権（領主の宗教をその地の宗教とする）を認められた。

●**マリア・マヌエラ**（一回目の結婚相手。一五二七〜四五）　ポルトガルのジョアン三世とカタリーナ・デ・アウストリア（カルロス一世の妹）のあいだに生まれ、従兄で同い年のフェリペと一五四三年に結婚。四五年にドン・カルロスを出産するが、数日後に死去。

●**メアリー一世**（二回目の結婚相手。一五一六〜五八、在位一五五三〜五八）　ヘンリー八世と最初の妻キャサリン（アラゴン王女カタリーナ）の子。異母弟の前国王エドワード六世がとったプロテスタント化政策に反対してカトリック復帰政策を実行し、プロテスタントに対するその過酷な迫害からブラッディ・メアリー（血まみれのメアリー）と呼ばれた。多くの反対を押し切ってスペイン王太子フェリペと結婚したが、子はできなかった。

●**王太子時代のフェリペ**（一五五一年、ティツィアーノ・ヴェチェッリオ画、プラド美術館蔵）

退位式典をおこない、五六年一月には同じくブリュッセルでスペインと付随領土の譲位式典をおこなった。さらに同年九月に神聖ローマ皇帝位の弟フェルディナントへの譲位文書に署名を済ませると、隠棲のためスペインへと旅立った。

こうして国王フェリペ二世の時代が正式に始まった。しかし、広大なカトリック王朝国家に君臨するこのスペイン・ハプスブルク家の盟主には、かつて父カルロスにした「和平の実現に向けて努めてほしい」という要望とは裏腹に、度重なる戦争が待ち受けていた。一五五六年から九八年までの四二年間、七七年二月から七月の時期を例外として、地中海、イングランド、フランス、ネーデルラント、インディアス(アメリカ新大陸)、アジア、アフリカ、イベリア半島のどこかでずっと戦闘が繰り広げられていた。「太陽の沈まぬ帝国」は、「戦争の絶えぬ帝国」であった。

②―スペイン国王としての統治

サン・カンタンの戦い

　フェリペは、生涯「カトリック王▲」であることを誇り、カトリック教会の擁護に奔走したが、それは総本山である教皇庁の世俗的利害に従順であることを意味しなかった。というのも枢機卿によって教皇選挙会（コンクラーヴェ）で選ばれるローマ教皇は、ときどきの列強の利害に左右されていたからである。フェリペが国王に即位したときの教皇パウルス四世▲はイタリアにおける教皇の権威を増すべくフランス国王アンリ二世▲と結託し、一五五六年七月にはパウルスの意に従わないカルロスとフェリペの親子を教会から破門したのである。もちろんフェリペは、この決定に従わなかった。

　フランスとの緊張が高まったため戦支度が必要だったが、フェリペは広大な領土とともに、父カルロス一世が進めた帝国政策の結果生まれた莫大な借金も受け継いでいた。戦争資金の調達は、ドイツやイタリアの国際金融業者からの短期借款（アシエント）に大きく依存していたが、この利子は年々高まり、一五

▼カトリック王　イサベルとフェルナンドが当時の教皇アレクサンデル六世に働きかけて一四九六年十二月に賦与された称号で、爾来、歴代スペイン国王がこれを別名として名乗るが、フランス国王が持つ「トレ・クレティアン（いとも敬虔なキリスト教徒）」に対抗しての「カトリコ（カトリック教徒）」であった。イサベルとフェルナンドへのカトリック王の称号賦与の理由は、諸王国の統合、グラナダの征服、ユダヤ教徒追放、ナポリ王国のフランスからの解放などであった。なお、二人はカトリック両王と呼ばれる。

▼パウルス四世（在位一五五五〜五九）　ナポリ王国出身の聖職者で、イングランドとスペインで教皇使節を務めるなかで反スペインの姿勢を強めた。一五五五年に教皇に選ばれるとイタリアへのスペイン介入を退けるべく画策し、五七年のスペイン軍によるローマ進軍を招いた。

▼アンリ二世（在位一五四七〜五九）　ヴァロワ朝第一〇代のフランス国王で、メディチ家出身のカトリーヌ・ド・メディシスを王妃として、イタ

二〇年代に一七・六パーセントであった利子が、五〇年代には四八・八パーセントに達した。そこでフェリペは五七年に国庫支払い停止宣言(バンカロータ)をおこなって、短期借款の債務を特定の税収に設定された低利の長期公債(フーロ)に切り替えさせた。この措置は財政危機の先送りであって、後述するように、スペインの中核をなしていたカスティーリャ王国の債務は膨らみ続けることになる。

　ともかくもフェリペは、イングランドからの戦費・兵力調達にも成功して、歩兵隊・騎兵隊・砲兵隊の大軍をネーデルラントに送り込んだ。フランスの首都パリはフランス北部にあり、攻略にはネーデルラントからの派兵が必要だったのである。そして一五五七年八月十日、パリから一五〇キロほど北のサン・カンタンでフランス軍に勝利を収め、アンリ二世と教皇パウルス四世の野望を砕いた。この日は聖ロレンソ(ラウレンティウス)の日にあたり、フェリペはこの勝利、つまり「栄誉と名声▲を余に与えてくれた」ことへの奉献の意味を込めてエル・エスコリアル(サン・ロレンソ・デ・エル・エスコリアル)修道院を建立することになる。なお同年九月、パウルス四世は破門を撤回し、以後、フェリ

リアへの積極的介入を図ってハプスブルク家と対立した。一五五七年にサン・カンタンの戦いで敗北し、五九年にフェリペ二世とカトー・カンブレジ条約を結んで、イタリアに対するフランスの権利を放棄した。

▼名声　スペイン語で「レプタシオン」という「名声」は、歴代の国王によってなによりも重んじられた。というのも、「名声が失われれば君主は君主たり得ない」といわれ、「名声」の保持こそが王朝の永続性を保障すると考えられたからである。

ぺへの敵対行為に走らないことを誓約した。

　この翌年にフランスは、イングランドからカレーを奪取したが、国内でのプロテスタント（ユグノー）への対処が急務となって、イタリアへの野望を最終的に放棄することになった。一五五九年、スペインとフランスはカトー・カンブレジ条約▲を締結して、十五世紀末から継起していたイタリア戦争に終止符を打った。この条約で「スペインの優位」が確定し、イングランドのメアリーが亡くなって再び寡夫となっていたフェリペは、六〇年に三度目の妻にアンリ二世とカトリーヌ・ド・メディシス▲の娘エリザベート（スペイン語名、イサベル・デ・ヴァロワ。四三頁参照）を迎えることになる。これは、イングランドとの友好関係がエリザベス一世即位によって崩れたいま、フランスとの新たな同盟を築く試みであり、将来スペイン・ハプスブルク家の末裔がフランス王国を継承する可能性を開くものであった。だが五九年にアンリが不慮の死▲を遂げてしまい、フランスは世紀末まで続く宗教戦争の時代に入った。国内的に混乱するフランスはスペインにとって脅威でなくなったにとどまらず、後述するように、フェリペはカトリック勢力擁護の旗じるしを掲げて隣国の内戦に介入すること

▼カトー・カンブレジ条約　一五五九年にイタリア戦争を決着させた条約で、これによりフランスはイタリア進出を断念した。二五頁の絵画は、同条約を結ぶアンリ二世とフェリペ二世を描いたものだが、実際には国王は二人とも欠席し使節が調印した。

▼カトリーヌ・ド・メディシス（一五一九〜八九）　イタリアのメディチ家出身で、一五三三年にのちにフランス国王となるアンリと結婚。これは、ときの国王フランソワ一世のイタリア政策重視の結果であった。五九年の夫アンリ急逝後、息子のフランソワ二世、シャルル九世、アンリ三世が王位を立て続けに継承し、母后カトリーヌは宗教戦争期のフランス政治に大きな影響を与えた。

▼アンリ二世の死　フランスとスペインの和睦がなった祝宴が一五五九年六月三十日に開かれるが、馬上槍試合でアンリ二世は偶然に右目を貫かれ、この傷が原因でおよそ一〇日後に死亡した。王の死後、フランスはプロテスタントとの抗争で内戦状態になった。

▼ブルゴーニュの儀礼　十五世紀にブルゴーニュ公国では華美な宮廷儀礼が発達し、この公国の伝統がネーデルラントに継承された。一五四八年、カルロス一世は息子フェリペへの王位継承を念頭に、宮廷での国王の威信を高めるべく、カスティーリャ王国の質素な儀礼に代えてブルゴーニュ宮廷風の儀礼導入を決断した。これによって「王の家」維持に人員と費用が嵩むことになった。

になる。

帝都マドリード

一五五九年八月、五年ぶりにフェリペはスペインの地に戻った。前年にカルロスがユステ修道院で亡くなっていたので、父の意向に配慮することなく王国統治に勤しむことになった。神聖ローマ皇帝位の継承はならなかったものの、諸王国・諸領邦からなる広大な領土を統治するには、父カルロスのように廷臣や顧問官・秘書官を引き連れて頻繁に移動するやり方には限界があった。しかも宮廷はブルゴーニュの儀礼▲を導入して膨張し、頻繁な移動に耐えられなくなっていた。そこでスペイン君主国全体にわたる行政機構を整備・拡充するとともに、国王と官僚たちが常時滞在し、行政に携わる空間、つまり帝都を築くことが必要とされたのである。

カスティーリャ王国で生まれ育ったフェリペは「カスティーリャのフェリペ」とも称されており、カスティーリャのどこかの町に帝都を定めるのは自然であった。中央部に位置する都市としてはバリャドリーとトレードが重要であ

●―カトー・カンブレジ条約締結の絵画

●―十七世紀半ばのマドリード地図（部分）

▼**常設宮廷**　それまでカスティーリャでは国王の滞在都市が宮廷とされ、移動宮廷であった。ただし、フェリペがポルトガル国王に即位すると、一五八一年から二年間リスボンに宮廷がおかれた。息子フェリペ三世は、寵臣レルマ公の進言に従って一六〇一年から〇六年にかけてバリャドリーに宮廷を移した。以後マドリードは事実上の常設宮廷となり、今日にいたっている。

ったが、前者は貴族館が蝟集《いしゅう》して、国王が伝統的貴族層の掣肘《せいちゅう》から自由になりにくく、後者は首座大司教座がおかれていて聖界権力が手強かった。そこで選ばれたのが、比較的中規模の地方都市マドリードであった。一五六一年、宮廷機能をこの町に集約することを決め、フェリペは「遍歴の国王」から「定住の国王」となると決意したのである。ただし、王令で明示的に常設宮廷▲と定めたわけではない。帝都となったマドリードは急膨張し、人口は六一年の二万人から、九七年には九万人に増えた。

帝都を軸とした統治技法について、フェリペは息子フェリペ（フェリペ三世となる）に次のように遺訓として伝えている。「スペイン国王となる汝は、スペインに居住しなければならない。……（必要に応じて適切な滞在があってもよいが）楽しみで諸国を遍歴することは有用でもまともでもない。それらを訪ねて何が必要か気にかけることは君主には不要である。身体の隅々に活力を与えるために心臓が、各部位を探したり自分の居場所から出たりはしないものだ。」

こうしてスペイン帝国の「心臓」たることをめざしてフェリペは、行政機構を整備することになった。統治当初に信頼を寄せたのはルイ・ゴメス・デ・シルバであった。ルイ・ゴメスは、五九年にはエボリ公の称号をえて、フランシスコ・デ・エラーソらを味方につけて、エボリ派と呼ばれる宮廷内党派を結成した。フェリペは父カルロスから受け継いだ各種顧問会議（コンセーホ）を整備・充実させたが、国務会議や国防会議に大きな影響力を持ったのはエボリ派であった。

　エボリ公は対外政策にあたっては柔軟な姿勢を採ったが、軍人のアルバ公フェルナンド・アルバレス・デ・トレードは武力による強行政策を唱えた。ネーデルラントの問題などが深刻さを増すと戦術に長《た》けたアルバ公とその取り巻きであるアルバ派が影響力を発揮することになるが、一五六〇年代後半に入るまでは、エボリ派とアルバ派のバランスを保って、フェリペはヨーロッパの大きな戦闘に巻き込まれずにいた。ちなみに、父カルロスの時代から活躍しネーデルラント政策を担っていたアラス司教グランヴェルは、その妥協を許さない対プロテスタント政策のために六四年に解任された。アルバ公はこれに反発して宮廷を離れる。

　一五六〇年代のさまざまな出来事を経てフェリペは、帝国内の異端者や異教

▼フランシスコ・デ・エラーソ（一五〇七～七〇）　カトリック両王以来、宮廷につかえた家系に生まれ、フェリペ二世の宮廷でも秘書官の一人として重きをなした。

▼アントワーヌ・ド・グランヴェル（一五一七～八六）　スペイン語名ではアントニオ・デ・グランベーラ。神聖ローマ帝国領であったフランシュ・コンテに生まれて聖職者となり、一五四〇年にアラス司教となるが、カルロス一世の信をえてハプスブルク家の外交政策に関わり、一五五五年にはネーデルラント政策を任された。しかし宗教対立の激化を招き、六四年にフランシュ・コンテに勇退した。その後、フェリペ二世からイタリア政策への助言を求められて宮廷に復帰し、外交政策決定に重きをなした。

徒に対して厳しい態度で臨むようになる。だが、このグランヴェル解任にみられるように、国王即位の段階から頑《かたく》なだったのではないことに注目したい。六六年にフェリペは、ネーデルラントの聖画像破壊運動▲をまえにして、「異端者たちの主君」となるよりは「命を百度失うほうがましだ」という有名な言葉を発するが、これは緊迫した状況に迫られてのことだった。

　フェリペがさまざまな政策決定にあたって重視したのは、各種顧問会議に配置された秘書局の秘書官たちからの答申であった。これらの役職はおもに下級貴族や商人家系出身の文官（レトラード）に委ねられていた。カトリック両王（イサベル一世とフェルナンド五世）以来の伝統に従って、大貴族はできるだけ政治の中枢から遠ざけられていたのである。フェリペは、文書による伝達を重視して、これらの答申を丹念に読んで決定をくだしたとされる。「もう夜の十時だが、食事を済ませていない。疲れきってしまった」と不平をこぼすフェリペは、まさに「書類王」であった。

▼聖画像破壊運動　一五六六年夏、政情不安が高まるなかで穀物不作によって民衆の生活が苦しくなった。これが宗教的激情と結びついてカルヴァン派の民衆が、カトリック教会や修道院の聖画像を偶像として破壊する行為に走った。フランドル地方から北部へと広がるが、これはカトリック教徒や貴族には脅威と映った。

▼異端判決宣告式　スペイン語ではアウト・デ・フェ。異端審問所が裁判で被告の罪を決定すると、有罪者たちを公共広場に集めて公衆の面前で有罪宣告を読み上げた。ミサを伴う宗教儀式として執りおこなわれ、公衆にとっては異端戒めの教訓劇であった。ここで火刑判決を受けたものは、その後に処刑場で刑を執行された。

▼バルトロメ・デ・カランサ（一五〇三〜七六）　カトリック神学に長け、トリエント公会議などで活躍し、フェリペのイングランド滞在に同行

異端審問制の強化

フェリペが帰国した一五五九年、スペインではカトリック信仰と異端との緊張を如実に知らしめる出来事が起こっていた。一つは、前年にバリャドリーとセビーリャでルター派の拠点が発見されたことである。しかもそのなかには、少なからぬ国王役人も含まれていた。帰国間もなくフェリペは、バリャドリーで催された異端判決宣告式▲に立ち会って、異端の脅威を目のあたりにしたのである。

もう一つは、フェリペに付き添ってイングランドのカトリック復帰に尽力したバルトロメ・デ・カランサ▲が、同年八月に異端審問長官フェルナンド・デ・バルデス▲の命により異端の廉《かど》で逮捕・投獄されたことである。容疑は、イングランドのプロテスタントをカトリックに復帰させる目的であらわした『ローマ教理問答注解』に少なからぬ異端的要素が含まれているということであった。これにはバルデスのカランサに対する個人的妬みが少なからず影響しており、異端審問制の不条理がうかがえる。カランサは一七年後に多くの嫌疑が証拠不十分として放免されるが、トレード大司教であった人物を異端審理にかけるこ

してイングランドのカトリック復帰に尽力した。一五五八年にはトレード大司教に任命されるが、翌年、異端審問所がカランサを異端の廉で逮捕して、イングランドであらわした『ローマ教理問答注解』の内容を軸に異端審理を開始した。高位聖職者であるとして審査はローマ教皇庁に移され、カランサは六七年にスペインを離れた。結局、七六年四月にローマ教皇は「念のための異端誓絶」を申し渡してカランサを放免した。その数週間後にカランサは亡くなるが、一七年間の裁判の原因となった書物は、トリエント公会議で一五六三年に正統と認められていた。

▼フェルナンド・デ・バルデス（一四八三〜一五六八、異端審問長官職一五四七〜六八）　サラマンカ大学で教会法を学び、聖職者として行政に関わり、一五四六年にセビーリャ大司教、四七年に異端審問長官に就任し、厳格な異端排斥政策を実行してスペインの宗派体制化に大きく寄与した。バルデスによるトレード大司教カランサの異端告発には、首座大司教座をめぐる個人的確執もあったとされる。

とで蹴落とすという、異端審問長官の恣意性が発揮された出来事であった。

フェリペは、異端の問題に関しては自らが抗えない状況にあった。宗教改革に対抗して開かれたトリエント公会議ではカトリック教義の精緻化と宗教的社会規律化の方策が採択されようとしていた。バルデスの影響下、フェリペはカトリック信仰堅持の具体的方策を打ち出さざるをえなかった。スペイン異端審問所は禁書目録▲の整備と書物出版の事前検閲の強化を進め、一五五九年十一月、フェリペはバルデスの進言にもとづいて、カトリック信仰を堅持するボローニャとローマ以外の外国の大学でスペイン人が学ぶことを禁じている。

十六世紀後半にはヨーロッパ諸国で一つの信教のもとに社会を統合する動き、つまり「宗派体制化」が強まり、スペイン君主国ではプロテスタントなどの異端的教義を許容しないばかりか、実際には黙認されてきたカトリック規範からの逸脱を抑え込む動きが具体化した。これを決定づけたのがバルデスの後を継いで異端審問長官となったディエゴ・デ・エスピノーサ▲であった。一五六五年からカスティーリャ会議議長ともなっていたエスピノーサは、混迷するネーデルラント状況と息子ドン・カルロスの所業（四一頁参照）に悩むフェリペから全

▼禁書目録　カトリック教会によって作成された、信徒の信仰を脅かすとされる書物のリスト。十六世紀に入って各地域でリストが作成されたが、トリエント公会議の要請を受けてローマ教皇庁は一五六四年に体系的なものを作成した。スペイン異端審問所は独自の禁書目録を五一年に出したが、五八年のルター派発見の動きを踏まえて、五九年に大幅に増補修正した。その後も異端審問所の活動のなかでリストは補強されて、禁書制度は十九世紀まで続いた。

▼ディエゴ・デ・エスピノーサ（一五一三～七二、異端審問長官職一五六七～七二）　サラマンカ大学で教会法と世俗法を学び、行政官として頭角をあらわしてフェリペ二世の信頼を勝ち取り、一五六五年にはカスティーリャ会議議長となり、六七年には異端審問所長官となって、七二年に急逝するまでのあいだ、宮廷世界で大きな権限をふるった。特に文官（レトラード）を活用した「宗派体制化」の強引な政策は、フェリペが不寛容で狂信的な国王だというイメージを助長することになった。

●—異端判決宣告式を描いたペテロ・デ・ベルゲーテの絵画

幅の信頼を受けて、「宗派体制化」を強引に進めようとした。その極端さからエスピノーサとはのちに不仲になるが、狂信的で不寛容な国王というイメージはこのときにフェリペに刻印されてしまった。

　モリスコ（改宗イスラーム教徒）反乱、ネーデルラント反乱については後述することにして、ここでは異端審問所の活動とコンベルソ問題について触れておきたい。スペイン異端審問制は、中世末にコンベルソ（改宗ユダヤ教徒）のなかに依然としてユダヤ教信奉者、つまりマラーノ（隠れユダヤ教徒）が多かったことに端を発している。つまり、偽りの改宗者を異端者として告発・審問し処罰するのが当初の狙いであった。多くの犠牲者を出してコンベルソ問題が下火になると異端審問制も不活発になったが、バルデスからエスピノーサの時代に息を吹き返した。プロテスタントの浸透を監視・処罰するとともに、キリスト教徒住民や聖職者たちの宗教的規範からの逸脱（民衆の冒瀆《ぼうとく》的言動、魔術行為、聖職者の求愛行為など）を取り締まり、広く民衆をカトリック臣民へと嚮導《きょうどう》する装置へと変わったのである。

　そして、ガリシアやカナリア諸島といったこれまでの異端審問管区では監視

●トレード管区審問所に見られる審理件数の推移

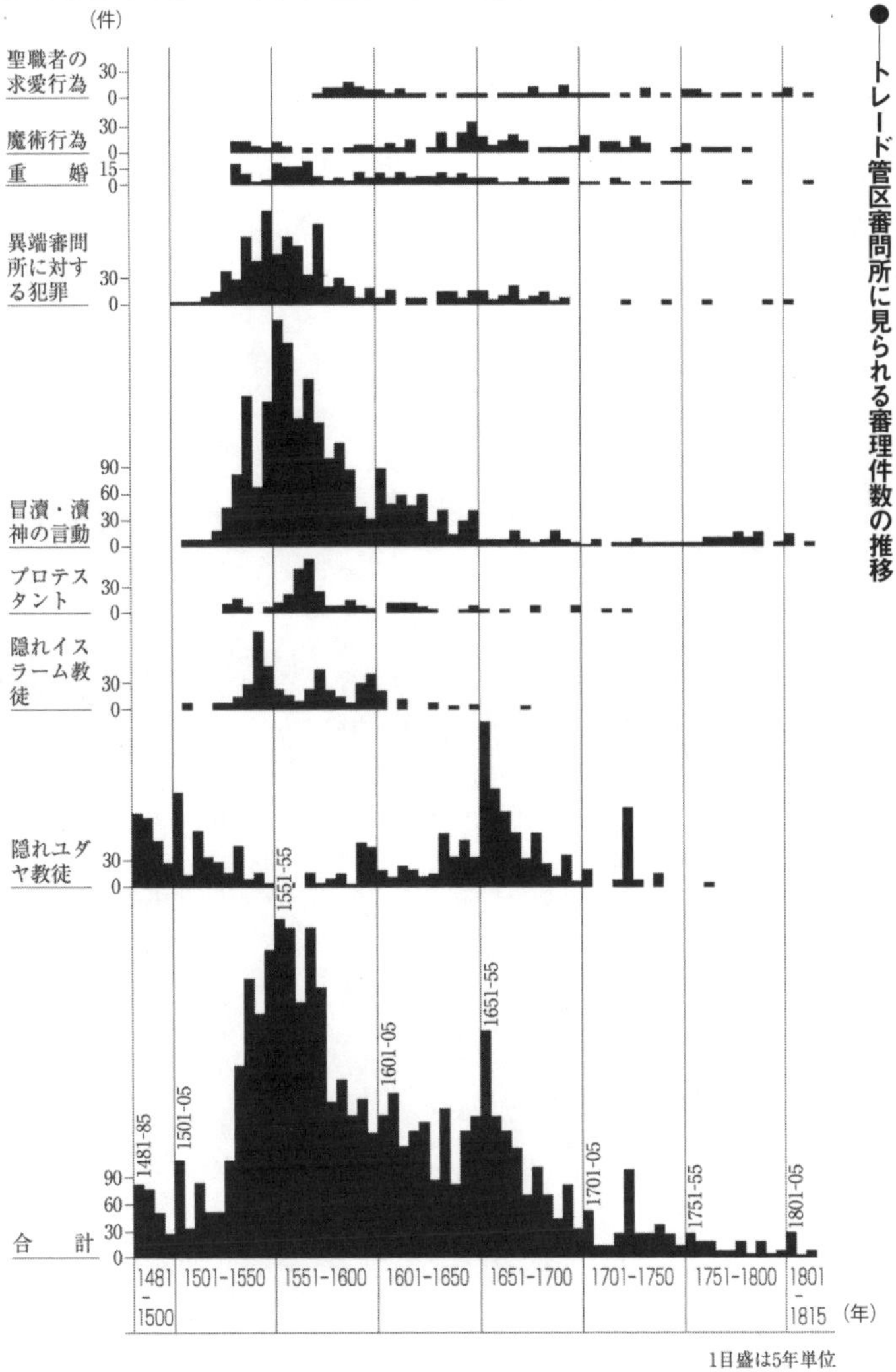

1目盛は5年単位

の薄かった地域を対象に新たに管区審問所が設置され、異端告発に協力する世俗取締官（ファミリアル）の数も増加した。インディアスのヌエバ・エスパーニャ（メキシコ）とペルーにも管区審問所を新設して、海外領土での異端監視も強化した。もちろん、前近代の監視装置の効果を過大視してはならないが、異端審問制が宗教的寛容の土壌醸成を阻み続けたことは疑いない。

さらにエスピノーサは、各管区審問所への巡察を実施してそれぞれの厳格な運営を指示し、異端審問所の役人候補者には「血の純潔」を強く要求していることに注意したい。十六世紀後半にはマラーノの問題は深刻さを欠いていたにもかかわらず、「血の純潔規約」を採用する社団が大きな広がりをみせた。祖先に「ユダヤ教徒やモーロ人▲の血が混じらない」という規定に関わる詮索は実際には厳密ではなかったとされる。だが、「古くからのキリスト教徒」であるという社会的価値観を承認しなければ各種の社団には参入できず、異端審問所もまたその一つだったのである。そしてシリセオやエスピノーサの影響を強く受けた国王フェリペも、そうした価値観に拘泥していた。

▼モーロ人　ローマ時代に北西アフリカの住民（ベルベル人）をマウハリムと呼んだことに由来して、八世紀からイベリア半島に定着したアラブ人やベルベル人などのイスラーム教徒を指す言葉となった。

▼聖ロレンソ　聖ラウレンティウスのスペイン語名。三世紀にスペインで生まれたキリスト教徒で、生きながらに熱した鉄格子の上で火あぶりにされたとされる。八月十日が殉教の日で、サン・カンタンの戦い（一五五七年）の勝利の日にあたった。

▼ファン・デ・エレーラ（一五三〇～九七）　フェリペ二世期に建築家として活躍して、スペイン・ルネサンスの特徴とされる地味で厳格な様式美を建築物に取り入れた。エル・

エル・エスコリアル修道院の建設

すでに述べたようにエル・エスコリアル修道院は、一五五七年のサン・カンタンの戦いでの勝利を記念して、聖ロレンソに捧げるために建造された。古典様式にデザインされたこの建物の建設は六三年に始まり、八四年に終わる。何人かの建築家が介在するなかで、フアン・デ・エレーラの役割が大きかったとされる。完成した建物は格子型に形成されていて、殉教の際に聖ロレンソが火あぶりにされた鉄格子を想起させるとされるが、その真偽は定かではない。

建設の直接的契機がサン・カンタンの勝利への奉献であることは間違いないが、この建物を建立するにあたっての根本的動機は、カトリック王朝国家をめざすフェリペ二世の理念にあったと思われる。旧約聖書の理解に長けていたフェリペは、父カルロスをダビデに、自らをソロモンになぞらえることを好み、新たな国王ソロモンとなることで父を凌駕しようとした。すなわち、ソロモンと同じく内政を重んじて、一五六一年、マドリードを帝都に定めて統治制度を整備した。マドリードから約四五キロメートルにあるエル・エスコリアルに建てられた修道院（王室が重用したヒエロニムス会に任される）には、大寺院（バジリ

エスコリアル修道院に加えて、バリャドリー大聖堂、アランフエス王宮などが代表作で、「エレーラ様式」という名を遺す。

▼ダビデ（在位前一〇〇〇?～前九六一?）　古代イスラエルの王で、王位に就くとペリシテ人を破り、エルサレムに都をおいて全イスラエルの王となった。

▼ソロモン（在位前九六一?～前九二二?）　父ダビデの樹立したイスラエル統一王朝を受け継ぐが、父とは反対に内政を重んじて官僚制度を確立した。最高の知恵者として、古代イスラエルの最盛期を築いたとされる。

▼ヒエロニムス会　聖ヒエロニムス（スペイン語名は聖ヘロニモ）は四世紀の聖書研究に長けた聖人で、十四世紀のカスティーリャで聖ヒエロニムスの精神を尊んでつくられた観想修道会がヒエロニムス会である。スペインの歴代の王はヒエロニムス会を重んじて、グアダルーペ修道院、ユステ修道院、そしてエル・エスコリアル修道院などの管理を任せた。

▼シバの女王　『旧約聖書』に登場する女王で、エルサレムを訪れ難問をもってソロモンを試そうとするが、ソロモンに答えられないことは何もなかったとされる。シバ国の位置については諸説がある

エル・エスコリアル修道院内、大寺院ファサードに立つダビデ(左)とソロモンの彫像

カ)と宮殿が併設され、併せて王国統治のための知恵と知識の集積拠点として壮大な図書館が設けられて、フェリペはシバの女王▲を驚かせるソロモンに匹敵する「知恵の王」たるイメージをつくりあげた。ちなみに、八四年、ソロモン神殿に比したとされるエル・エスコリアルの完成にあたって、大寺院ファサードにダビデとソロモンの彫像が配置された。

　さらに見過ごしてならないのは、大寺院附属納骨堂(クリプタ)が王室霊廟としてつくられたことである。トラスタマラ家のカトリック両王に対して、カルロスに始まるハプスブルク家は、グラナダの礼拝堂とは異なる新たな霊廟を必要としていた。そしてこの場所は、父カルロスをはじめとしてスペイン・ハプスブルク家の歴代の王の棺が納められて、王朝の連続性を表徴することになる。

　なおフェリペの抱いていた宗教性を知るうえで興味深いのは、七五〇〇点もの聖人・殉教者の聖遺骨(レリキア)がエル・エスコリアルに保管されていることである。十六世紀後半、プロテスタントによって各地で聖画像破壊や聖遺骨冒瀆がおこなわれると、フェリペは熱心にヨーロッパ各地から聖遺骨を集めた。トリエント公会議で認められたように、聖人崇敬と聖遺骨崇拝は、カトリック

●エル・エスコリアル修道院の建設図（一五七六年）

●完成図

●大寺院附属納骨堂の王室霊廟

●大寺院中央祭壇右側の「フェリペ二世と家族」彫像

の神髄をなしていたからである。一五六五年、王妃イサベル・デ・ヴァロアの病の際にフェリペが願掛けをしたのは、パリのサン・ドゥニ修道院から移送された聖エウヘニオ▲の遺骨で、病回復がなるとフェリペはますます聖遺骨崇敬を強めた。九八年、死が迫って意識が朦朧とする国王を覚醒させた唯一の言葉が近従者の発した「聖遺骨に触れるな！」であったと記録されている。

▼聖エウヘニオ　伝承によれば紀元後一世紀の初代トレード司教で、パリで殉教したとされる。その遺骨はパリのサン・ドゥニ修道院が保管していたとされ、一五六五年、フェリペ二世は交渉のすえにトレードへの遺骨返還を実現し、その一部をエル・エスコリアル修道院の聖遺骨コレクションに加えた。

▼イサベル・クララ・エウヘニア（一五六六〜一六三三）　フェリペ二世と三度目の妃イサベル・デ・ヴァロワの娘。父フェリペに愛され、父が亡くなるまでそばで補佐を務めた。父の死後イサベルは従兄のアルブレヒトと結婚し、二人はスペイン領ネーデルラントの共同君主となった。

③—一五六八年の危機

ドン・カルロスの死去

メアリーとの結婚で子をもうけることのなかったフェリペは、三度目のイサベル・デ・ヴァロワ(四三頁参照)との結婚で男子が生まれることを切望した。一五六〇年にフランスから嫁いだイサベルは隣国との平和がもたらされた象徴として「平和王妃」と称されて、フェリペのお気に入りとなった。イサベルはイサベル・クララ・エウヘニアとカタリーナ・ミカエラという二人の娘を出産したが、六八年十月に亡くなってしまう。男子の世継ぎをもうけられなかったことは、フェリペにとって最大の悩みとなった。というのも、最初の結婚で生まれた一五四五年生まれのドン・カルロスが王位継承王子であったが、六二年に大怪我をしてからますます変調を来していたからである。

一五六〇年代半ばには国際状況も険しくなるが、ドン・カルロスは自らネーデルラントの支配者になることを望み、フェリペの異母弟のドン・フアン・デ・アウストリアを唆《そそのか》してフェリペの退位を図るほどになった。六八年一月、

一六二一年に夫が亡くなり、ネーデルラントの帰属権はフェリペ四世に戻されるが、イサベルは死ぬまで総督を務めた。

▼カタリーナ・ミカエラ(一五六七〜九七) フェリペ二世と三度目の妃イサベル・デ・ヴァロワの二番目の娘。姉イサベルとともに父フェリペに愛される。一五八五年、サヴォイア公カルロ・エマヌエレ一世と結婚し、九七年にトリノで亡くなる。

▼ドン・フアン・デ・アウストリア(一五四七〜七八) カルロス一世の庶子で、異母兄がフェリペ二世。カルロスの執事長ルイス・デ・キハーダのもとで幼名ヘロニモとして養育されて、一五五七年に父と、五九年に兄フェリペと初めて面会した。六〇年からドン・フアン・デ・アウストリアと名乗るが、私生児として「王子」の称号は与えられなかった。軍人として武術を学び、モリスコの反乱の鎮圧にあたって功績をあげ、七六年からネーデルラント総督となった。イングランド征服の野望を抱いて画策したが実現せず、七八年にフランドル南部で急逝した。

フェリペは側近を伴ってドン・カルロスの寝込みを襲い、アルカサル宮の一部屋に押し込んだ。祖父カルロス一世が異常を来した母フアナを生涯修道院に閉じ込めたように、フェリペは息子を生涯閉じ込めることを決断したのである。

しかし幽閉されたドン・カルロスは暴飲暴食を重ねて、半年後に閉じ込められた部屋で亡くなった。間もなく王妃イサベルも命を落とすことになり、すでに四一歳となっていたフェリペにとって継承王子の確保は喫緊の課題になった。結局、ハプスブルク家の王朝国家存続が最大限に優先されて、フェリペの四番目の妻となったのは、もともとはドン・カルロスの嫁候補であったアナ・デ・アウストリアであった。アナの母はフェリペの妹でドイツのマクシミリアン二世▲に嫁いだマリア・デ・アウストリア▲であったから、二人の関係は叔父・姪の間柄であった。当初は教皇ピウス五世の反対もあったが、結局は特免状が与えられて、一五七〇年にアナはフェリペに嫁いだ。幸いに王妃アナは、王位継承王子フェリペ(フェリペ三世となる)を含めて五人の子に恵まれ、およそ一〇年間、フェリペにとって安らげる家庭が築かれたとされる。

しかし、後述するように一五七〇年代にも内憂外患の状態は決して和らぐこ

▼マクシミリアン二世(一五二七〜七六)　神聖ローマ皇帝位をカール五世(スペイン王カルロス一世)から受け継いだその実弟である皇帝フェルディナント一世の子。同じく皇帝になる(一五六四〜七六)。表向きはカトリックであり続けたがルター派に傾倒し、終油の秘跡を拒否して没した。

▼マリア・デ・アウストリア(一五二八〜一六〇三)　カルロス一世とイサベル・デ・ポルトガルの娘で、前年に生まれたフェリペ二世は実兄。一五四八年に大公マクシミリアンと結婚。四八年から五一年のあいだのカルロスとフェリペの不在中は、スペインの摂政を務めた。五二年から夫とともにウィーンに暮らすが、夫の没後は「異端のいない国」への帰国を望み、八二年にはマドリードに戻ってデスカルサス・レアレス修道院に蟄居した。

●——**イサベル・デ・ヴァロワ**（三回目の結婚相手。一五四五〜六八）　フランス語名はエリザベート・ド・ヴァロワ。のちのフランス王アンリ二世と王妃カトリーヌ・ド・メディシスのあいだに生まれ、カトー・カンブレジ条約に従って一五六〇年、フェリペ二世の三度目の妻となる。六六年にイサベル・クララ・エウヘニアを、翌年にカタリーナ・ミカエラを出産するが、六八年に死産し、直後に急逝した。

●——**アナ・デ・アウストリア**（四回目の結婚相手。一五四九〜八〇）　ドイツ語名はアンナ・フォン・エスターライヒ。一五六四年に神聖ローマ皇帝となったマクシミリアン二世とフェリペの妹マリアのあいだに生まれた子で、フェリペとアナは叔父・姪の間柄であり、当初ローマ教皇ピウス五世は反対したが、その認可を受けて七〇年に結婚した。二人のあいだには五人の子どもが生まれたが、八〇年、南部のバダホスで急逝した。

とはなかった。そして一五六八年のドン・カルロス、王妃イサベルの相次ぐ死去は、フェリペの人格を貶《おとし》める宣伝材料となった。ドン・カルロスとイサベルの不義が噂され、ともにフェリペによって暗殺されたというのである。これは「黒い伝説」の格好の材料となっていく。

ネーデルラントの反乱

ネーデルラント問題は、即位当初よりフェリペを悩ませた。一五五九年、カトー・カンブレジ条約でフランスとの和平に漕ぎつけたフェリペは、スペインに戻るためにネーデルラントをあとにして、異母姉のマルガリータ・デ・パルマ▲を全州総督に任じ(在職一五五九～六七年)、総督補佐として重鎮のグランヴェルを据えることにした。しかしフランスとの和平の結果、カルヴァン派のプロテスタントが続々とこの地に入り込むことになり、グランヴェルはこれに厳しい態度で臨むことになった。あわせて六二年から具体化したネーデルラントの司教区再編は既得権を奪うとして地元貴族の反発を招いた。そこでフェリペは六四年、グランヴェルの解任を決断し、一定の懐柔姿勢を示したのである。

▼マルガリータ・デ・パルマ(一五二二～八六)　カルロス一世の庶子で、母はフランドル人のヨハンナ・マリア・ファン・デル・ヘインスト。一五三八年、二度目の結婚でパルマ公妃マルガリータ(イタリア語名はマルゲリータ)となる。五九年、異母弟のフェリペ二世の要請で、ネーデルラント総督となるが、同地の混乱を収められずに六七年にアルバ公と交代させられる。以後、イタリアに隠遁した。

▼騒擾評議会　一五六七年、総督としてネーデルラントに着任したアルバ公は、「騒擾評議会」と呼ばれる特別法廷を設置して、聖画像破壊運動の参加者を徹底的に弾圧し、貴族にも暴動の責任を負わせて処刑した。

▼エフモント(エグモント)**伯**(一五二二～六八)　ネーデルラントの有力貴族で、フランドルとアルトワの総督に任命されたが、スペインの圧迫が加わるとオラニエ公、ホールネ伯らとともにスペインの属領政策に反抗。国王への忠誠は捨てずネーデルラントに留まるが、アルバ公の追求は激しく、一五六八年六月にブリュッセルで処刑された。

▼ホールネ(ホールン)**伯**(一五二四～六八)　ネーデルラントの有力貴族で、対フランス戦争で活躍するも、オラニエ公、エフモント伯らとともにスペインの属領政策に反抗。アルバ公によってエフモント伯らと捕えられて、一五六八年六月にブリュッセルで処刑された。

しかし、依然として異端取り締まりが続くなか、一五六五年には二〇〇人を超える下級貴族が「盟約」を結んで、総督マルガリータに対してその中止を求める動きを具体化した。フェリペがオスマン帝国の脅威などに忙殺されて有効な対抗策を打ち出せないなかで、総督は下級貴族の要求を受け入れて異端取り締まりの緩和措置をとった。すると、ドイツに亡命していたプロテスタントの帰国が始まり、各地で説教活動を大きく展開した。しかも六六年は「飢餓の年」と呼ばれるほどに各地の生活が疲弊していた。この年の八月、カルヴァン派民衆による聖画像破壊運動が始まり、瞬く間に広まった。

結局フェリペは、ネーデルラントの秩序回復のために強硬派のアルバ公を総督(在職一五六七～七三年)として派遣することを決定した。一五六七年八月、九〇〇〇人の歩兵と一二〇〇人の騎兵を率いてブリュッセルに到着すると、アルバ公はただちに過酷な弾圧を開始した。九月には騒擾《そうじょう》評議会▲という特別法廷を設けて、暴動参加者やプロテスタントの裁きを進め、一二〇〇人以上を処刑した。十二月にマルガリータに代わって総督になったアルバ公は、さらに追及の手を厳しくして、六八年六月にはエフモント伯▲やホールネ伯▲のような、暴動に距離をおいていた大貴族までも処刑した。さらに、ネーデルラントの窮状を訴えるために帝都に滞在していたホールネ伯の弟モンティニィー男爵▲もまた騒擾罪で捕えられ、七〇年にシマンカスで絞首刑にされた。

一五六七年四月にドイツに逃れたオラニエ公ウィレムは、亡命者を糾合して六八年四月、ドイツ国境から反撃にでた。その目的は侵害された特権の擁護であって、当初から独立をめざしたものではなかったが、結果的に八〇年後の一六四八年のオランダ独立達成につながった。そのためにこの年は、「オランダ独立戦争」または「八十年戦争」開始の年とされる。翌一五六九年、アルバ公が戦費を賄うために大規模増税を打ち出すと、反乱はさらに拡大した。

モリスコの反乱

カトリック両王時代にスペインに留まっていたイスラーム教徒もキリスト教への改宗を強制された。ムデハル(キリスト教徒支配下のイスラーム教徒)はモリスコ(改宗イスラーム教徒)になったと位置付けられ、法理論上はスペイン国内に異教徒は存在しないとされた。だが、実際にはモリスコはアラビア語や独自

▼モンティニィー男爵(一五二八〜七〇)　ホールネ伯の弟で、トゥールネ総督となる。一五六六年、スペインの属領政策の不当を訴えるためにスペインに渡るが、アルバ公の騒擾評議会によって処刑対象者となる。マドリード宮廷はモンティニィーをフランドルに送り返さずに、密かにシマンカスで絞首刑に処した。

●—フェリペ二世時代のヨーロッパ

の文化・風習を維持し、キリスト教徒への同化は進まなかった。モリスコは在地貴族にとって優秀な労働力であって、異端審問所もモリスコの異端的言動を厳しく取り締まることができなかった。しかし、十六世紀半ばになってオスマン帝国が西地中海での覇権を確立すると、スペイン国内のイスラーム勢力への潜在的協力者の存在に警戒が強まった。トリエント公会議を契機とするキリスト教規範強化のなかで、モリスコの公然とした異端的風習を許容する状況は許されなくなった。

フェリペ二世期には、一五五九年にアラゴンで、六三年にはバレンシアで、モリスコの武器没収命令が出されるが、モリスコの風習禁圧と強制的同化の動きは、六五年にエスピノーサがカスティーリャ会議議長になって決定的となった。エスピノーサの主導のもとグラナダ▲のモリスコの文化や伝統を排除する諸施策が整えられ、六七年にグラナダ高等法院から勅令として公表された。これには穏健的立場にあったモンデハル侯▲と在地貴族の力を削ぐ意図も込められていた。六八年、この施策に反発したモリスコがアルプハーラス山地で決起して、およそ二年にわたって反乱を続けたが、フェリペは異母弟のドン・ファン・

▼グラナダ　イベリア半島のイスラーム支配地域で最後に残されたのが南部のグラナダ王国であった。一四九二年にこのグラナダが陥落してカスティーリャ王国に編入された。以後、グラナダの社会秩序維持はカスティーリャ会議の所轄となった。

▼モンデハル侯　カトリック両王によるグラナダ陥落後、この地方の軍司令官を務めたのがモンデハル侯家で、カスティーリャ大貴族家門メンドサ家に属した。概してこの地域の在地貴族は、第三代モンデハル侯イニゴ・ロペス・デ・メンドサ(一五一二〜八〇)も含めてモリスコへの厳しい教化策には消極的であった。

デ・アウストリアを現地に派遣して、厳しい弾圧で抵抗を抑え込んだ。鎮圧されたモリスコは、カスティーリャ王国内のグラナダ以外の土地に強制移住させられたが、その施策はグラナダでの脅威の除去とともに、モリスコ同化の促進を目的としていた。しかし、こうした分散移住政策にもかかわらずモリスコ同化は遅々として進まなかった。

モリスコ問題は一五八二年にあらためて浮上する。アルバ公、イディアケス▲らの対外政策強硬派が、バレンシアのモリスコが北アフリカやオスマン帝国のイスラーム勢力によるスペイン侵略の手先になるのではないかという危惧を抱いて、スペイン全土からのモリスコ追放を国務会議▲で決定しようとしたからである。しかしフェリペは、これを却下した。その理由を明確に知る術はないが、一つにはネーデルラントやイングランドと交戦状態にあり、こうした強硬策がもたらす国家的負担を考慮したとされる。もう一つには法理論的にキリスト教徒になったモリスコを、たとえ国務上の理由からであれ教化策を放棄して国外追放することへの良心の呵責であったと推測される。この点でフェリペは、国務会議メンバーで王の聴罪師であったディエゴ・デ・チャベス神父▲の意見を重

▼フアン・デ・イディアケス（一五四〇〜一六一四）　フェリペ二世の国務会議秘書官となり、続くフェリペ三世期には騎士修道会会議議長となる。対モリスコ問題で強硬姿勢を採り、一六〇九年のモリスコ追放にいたる議論をリードした。

▼国務会議　国務会議は、カルロス一世によって一五二六年に設けられたが、諸国を超えて君主国全体に関わる外交・治安問題を国王に答申する顧問会議であり、大貴族と高位聖職者が会議メンバーであった。

▼ディエゴ・デ・チャベス（一五〇七〜九二）　チャベスはドミニコ会宣教師となり、一五六二年にドン・カルロスの聴罪師となり、七七年には国王聴罪師となっている。長くフェリペと微妙なやり取りをおこなったとされ、フェリペは九七年の遺言書補遺で、チャベスとの書簡の焼却を厳命している。

んでいた。

　カトリック教徒たるフェリペは異端者には厳しい態度で臨んだが、モリスコ同化のための伝道活動という方策をその後もやめることはなかった。のちに息子フェリペ三世は、国際状況の変化のなかでイディアケスらの意見に賛同し、モリスコ追放を国務上の理由からとして実行することになる（一六〇九〜一四年）。

王室財政の逼迫

　ネーデルラントの反乱やモリスコの反乱に対処するには膨大な戦費が必要とされた。その財政的負担はもっぱらカスティーリャ王国にかかっていたが、十六世紀中葉までは、フランドル▲への羊毛輸出に加えて新たなアメリカ市場の需要もあって、カスティーリャ経済の発展は順調であった。一五五七年の第一回国庫支払い停止の措置があったものの、王室財政は持ちこたえることができた。ちなみにスペインの主要都市は十六世紀末まではいずれも人口増加を続けた。しかし一五六〇年代から七〇年代にかけての対外政策は、国家の借財をさら

▼フランドル　ネーデルラントの南部地方で、現在のベルギー、オランダ、フランスにまたがり、オランダ語ではフランデレン。古くから毛織物工業が栄え、十五世紀にハプスブルク家領となり、オランダ独立後もハプスブルク家領に留まる。

スペインの主要都市の人口推移
（単位：人）

都市	1530年頃	16世紀末
バリャドリー	30,000	36,000
セゴビア	13,000	25,000
トレード	32,000	65,000
マドリード	15,000	90,000
コルドバ	26,000	43,000
セビーリャ	65,000	160,000
バルセローナ	30,000	35,000
バレンシア	50,000	60,000

カスティーリャの財政推移（単位：一〇〇万ドゥカード）

年	税収	長期公債	長期公債の利子	戦費
1560	3.1	19	1.5	1
1566	4.7	25	1.8	3
1575	5.5	42.5	2.7	7
1588	8	48	3.7	9
1598	9.7	85	4.6	8

〔出典〕PARKER, Geoffrey, *Felipe II*

に増やした。上段の表にみられるように、六〇年と七五年を比較するとカスティーリャの財政は、税収が八割近くも増えているが、長期公債の額は二倍以上に増えて、その利子支払いで税収の半分を占めている。というのも戦費がこの間に七倍にも増加しているからである。

カスティーリャ経済はこうした税負担に耐えられなくなっていく。戦争のためにフランドル諸都市への羊毛輸出が減少し、一五七五年、短期借款の利子軽減のための第二回国庫支払い停止宣言で羊毛取引と金融取引の中心であったメディーナ・デル・カンポの国際的定期市は大きく混乱した。さらに九六年、第三回国庫支払い停止宣言が出されると、この地の北ヨーロッパとの取引はほぼ壊滅状態になった。

アメリカ市場の需要も翳《かげ》りをみせた。インディアスにおける自給化が進行してスペインからの農産物需要が減り、良質な手工業製品の需要に応えるにはヨーロッパ諸国の商品を再輸出しなければならなかったからである。一五七一年にトマス・デ・メルカード▲は、「外国人が商業をおこない、富は王国から消えている」と告発した。インディアス貿易の独占港セビーリャは、外国商品輸出

▼トマス・デ・メルカード（一五二五頃〜七五）　ドミニコ会士でサラマンカ学派の献策者（アルビトリスタ）の一人。「王国の繁栄」の基礎を金・銀の保有に求め、貨幣の国外流出が続くスペインの現状を憂えた。主著に『商人の交易および契約』（一五六九年）。

の中継港となっていった。

さらに一五六〇年代になると、国際金融業者からの借款をえるために「持ち出し許可(リセンシアス・デ・サカ)」を大幅に与えるようになった。これまではスペインからヨーロッパ諸国への貴金属持ち出しを原則的に認めていなかったために、金融業者は借款で上がった利益でスペイン産品(羊毛、絹、鉄、オリーブオイル、ワインなど)を購入して輸出していたが、この許可によって貴金属が自由に持ち出せるようになり、産品購入の減少を引き起こしたのである。

王室財政の逼迫からフェリペは、一五七五年に取引税▲(アルカバーラ)の一括割当額を引き上げるなど、従来からの租税徴収を強める一方、さまざまな手段で収入をえようとした。カスティーリャ議会(コルテス)に臨時の上納金を求めたほか、教会からの援助金の増額も要求した。さらに、貴族位、官職、王領地、村落領主権の売却などがおこなわれた。その一方で、対外戦争は継続され、豪勢なエル・エスコリアル修道院の建設が進められていた。晩年の九〇年には無敵艦隊再建のためにミリョネス税(四種類の食料品に課せられた消費税)を導入するが、これはすでに疲弊状態にあった民衆の不満を極限まで高めた。

▼取引税　アルカバーラと呼ばれた取引税は、イスラーム・スペインに起源をもつとされるが、十四世紀になるとカスティーリャ王権は、商品取引に五パーセントの税を課した。のちには一〇パーセントを原則としたが、実際には王権が一括納入金額を王国議会に割り当て、さらに各都市に租税分担額が示されて、具体的徴収は諸都市に委ねられた。

▼ヌエバ・エスパーニャ　スペイン王権はアステカ帝国の首都テノチティトラン(現在のメキシコ市)征服後、新大陸の所領をヌエバ・エスパーニャと呼び、一五三五年に副王を任命した。一般にはメキシコと同義で使われるが、ヌエバ・エスパーニャ副王領は、スペイン王権の領土となった北アメリカ、中央アメリカ、カリブ海、太平洋、アジアを包括していた。一方、南アメリカにはペルー副王領が設置されるが、征服・植民の拡大によって十八世紀にはヌエバ・グラナダ副王領、リオ・デ・ラ・プラタ副王領が創設されてペルー副王領の領域は三分割された。

▼副王　スペイン君主国のなかでカスティーリャ王国以外に常駐することのなかった国王は諸王国・諸領

インディアスの銀

インディアスの征服領土統治のために、一五二四年にインディアス会議が本国に設けられ、ヌエバ・エスパーニャとペルーに副王が任命された。カトリック両王は先住民インディオの奴隷化を禁じており、その方針は引き継がれたが、植民者の要求に応えて、キリスト教化と保護の名目のもとに一定数のインディオが植民者に委託された。このエンコミエンダ制は実際には先住民の労働力搾取であり、この先住民の虐待酷使は新大陸に渡った托鉢修道会士たちの反発を招いた。なかでもラス・カサス(五四頁用語解説参照)は国王カルロスにインディオ保護を強く訴え、スペイン人植民者を激しく告発した。こうした聖職者の尽力で、一五四二年にはインディアス新法が制定されて、エンコミエンダ制の廃止が決められたが、植民者の反発をまえにその廃止は遅々として進まなかった。

一方、ラス・カサスは『インディアスの破壊についての簡潔な報告』を出版(一五五二年)して、やがて国王となるフェリペへの「献辞」で、スペイン人植

邦に副王を配置して、国王に準ずる大権を与えた。大西洋をまたぐインディアスには一五三五年、メキシコ市にヌエバ・エスパーニャ副王が派遣され、四二年、リマ市にペルー副王が派遣された。十八世紀まではこれら二つの副王領に本国から任命・派遣された副王が、植民地行政の最高責任者であった。

▼エンコミエンダ制　スペイン王権は先住民インディオの奴隷化を禁じたが、征服・植民者の要求に応えるかたちで、一定数のインディオを一定期間委託して、労働力として使役する権利を与えた。このインディオ委託制度は、先住民のキリスト教化の義務を伴った。だが実際にはインディオは奴隷同然に酷使され続け、これを規制するためにインディアス新法が制定される。エンコミエンダ制の段階的廃止はインディオ人口の減少によるところが大きかった。

▼托鉢修道会　修道院のなかだけで共同生活を送る観想修道会が荘園領主化し腐敗したことを批判して、修道士が托鉢をおこない、施しによって生活することを基本とする修道会が中世中期に生まれた。ドミニコ会とフランシスコ会が主だったもので、

民者たちは「神の栄誉を傷つけ、国王を毀損している」と訴えた。だが一五五六年に新国王となったフェリペは、この書物は不穏な動きを助勢しているとして回収を命じている。実際に『簡潔な報告』は、諸外国でフェリペとスペイン人の残忍性(先住民の大量虐殺)を非難するために繰り返し引用されて、スペイン非難の「黒い伝説」の格好の材料となった。

結局、フェリペは、ヨーロッパのカトリック盟主となることを第一義とし、そのための対外政策を遂行する立場から、先住民問題を後景に退かせてしまった。ペルー副王領のポトシ、ヌエバ・エスパーニャ副王領のサカテカスなどの銀山が発見され、水銀アマルガム法▲の精錬技術の導入によりインディアスで莫大な銀が産出されることになり、インディアス銀が借財に苦しむ王室財政にとって不可欠となったからである。ペルー副王に任命されたフランシスコ・デ・トレード▲は、鉱山労働力を確保するために「ミタ」と呼ばれる強制的賦役の導入を許容した。その一方でフェリペは、一五六八年、七七年と法令を出して、聖職者たちがインディアス問題に関して論述することを禁止した。一五五〇〜五一年におこなわれたインディアス支配の正当性をめぐるバリャドリー論争▲は

インディアスでの布教活動に中心的役割を担った。

▼バルトロメ・デ・ラス・カサス（一四八四〜一五六六）　スペインのドミニコ会士で、インディアスに渡ってインディオの悲惨な状況を目撃して、スペインによる征服戦争やエンコミエンダ制を厳しく糾弾した。一五五二年に『インディアスの破壊についての簡潔な報告』をあらわしてフェリペにインディアス行政の改善を求めたが、この書物はスペイン非難の「黒い伝説」の材料となった。

▼水銀アマルガム法　銀鉱石を砕石して粉末状にし、これを水銀と混ぜて水銀アマルガムをつくり、それを熱して銀を得る方法。中世の南ドイツで始まった精錬技術とされる。十六世紀半ばにウアンカベリカで水銀鉱山が発見され、この方法がインディアスで一挙に広まった。

▼フランシスコ・デ・トレード（一五一五〜八二）　カスティーリャの軍人貴族で、第五代ペルー副王（在職一五六九〜八一）。現地の制度的整備を進めて優れた行政者と評される一方、インカ帝国での労働力拠出システム「ミタ」を鉱山労働力確保の

ための強制的賦役へと改編するなど、インディオの圧政者とみなされる。

▼バリャドリー論争　カルロスは、インディアス会議の要請を受けて、ドミンゴ・デ・ソトを委員長とするインディアス問題討議委員会を設置し、ラス・カサスとセプルベダは征服戦争の正当性をめぐって激しい議論を展開した。

封印されたのである。

インディアスからスペインへの銀の流入は、一五五〇年代以後増加した。一五四一年にスペインに着荷した額は一〇五〇万ペソであったが、五一年には一七九〇万ペソ、七一年には二九二〇万ペソ、九一年には六九六〇万ペソへと急増している。アメリカ銀生産にかかわる税収(キント・レアル)は、王室収入のおよそ五分の一を占めるにいたった。対外戦争を進めるフェリペにとって、これはカスティーリャ王国からの税収と並んで極めて重要な収入源であった。この時代、国家の対外政策遂行能力は王権の戦費調達能力と直接にかかわっていた。フェリペは広大な帝国の各地に軍隊を駐屯させていて、必要に応じて俸給支払いにあてる資金を調達せねばならなかったが、正金としてのアメリカ銀は、国際金融業者からの資金借り受けの信用(クレディト)として機能したのである。

④―勝利のとき

王国行政のための知の集積

カスティーリャ王国での都市・村落の地誌情報の収集は、一五一七～二三年、エルナンド・コロン▲が試み、その手稿はフェリペも知るにいたったとされる。さらに一五五九年には国王修史官パエス・デ・カストロ▲がフェリペに宛てた覚書で五一項目の調査案を提示した。フェリペは、カスティーリャ王国修史編纂の材料としてだけではなく、インディアスを含む広義のカスティーリャ王国行政の再編強化のための材料としても都市・村落の情報収集が必要であることを認識したと考えられる。一五七〇年代に入ると、後述するように対外政策を積極的に展開する一方で、スペイン君主国のかなめであるカスティーリャ王国、さらに銀生産の増加で重要性を増すインディアス各地についての詳細な実態調査に着手した。

この命を受けたのは、カスティーリャ会議議長ディエゴ・デ・エスピノーサの推奨をえて行政官として頭角をあらわし、財務会議議長とインディアス会議

▼エルナンド・コロン（一四八八～一五三九）　クリストバル・コロン（コロンブス）の第二子（庶子）で、エルナンド（フェルナンドとも）は父の第四回航海、異母兄ディエゴの航海に同行して新大陸に渡った。地誌情報に関心を示し、一五一七年から二三年にかけて集めた『スペインの描写と地理』を手稿で遺す（セビーリャ・コロンブス図書館所蔵）。また、父についての『提督の歴史』を手稿で遺す（一五七一年に出版）。

▼ファン・パエス・デ・カストロ（一五一〇頃～七〇）　カルロス一世によって国王修史官に任命され、フェリペ二世期にも同職を務めた。一五五五年に『歴史を書くために必要な事柄についての覚書』をあらわして、歴史編纂のための史料収集の大切さを訴えた。一方、王国統治のための地誌情報の必要項目を整理して、五九年にフェリペ二世に五一項目の調査案を覚書として提出した。

▼ファン・デ・オバンド（一五一五頃～七五）　植民地行政に大きく関わったカセレスの家門出身で、サラマンカ大学で法律を学び、財務会議議長とインディアス会議議長を兼ねるにいたる。インディアス行政改善のために、同地の調査報告を求め、その成果はファン・ロペス・デ・ベラスコの『インディアスの全般的地理と描写』（一五七一～七四年）となった。さらにカスティーリャのコリア司教区をモデルケースに調査を実施し、カスティーリャとインディアスに関するより詳細な「地誌報告」実施の基盤とした。

議長を兼ねるにいたるファン・デ・オバンド▲であった。一五七四年、オバンドは最初の事例として出身地コリア司教区（エストレマドゥーラ地方）の諸村落に二四項目の質問状を送り、在地の村落当局からの回答を求めた。その内容は、村落の地理的情報、裁判管轄権上の地位、世帯数や職業構成、際立った出来事など網羅的であったが、質問状に添えられた国王フェリペの書簡は質問状の意図を明確に語っている。「これまで王国の諸村落の個々の詳細が詳らかにされていないが、それらの威光と偉大さを増すには不可欠の案件である。そこで余はこうした詳細の記述と、当該諸村落の特色と特筆すべき事どもの由来を詳述させることを決意した」。

のちに質問状には修正が加えられ、現存する限り一五八一年までにカスティーリャ中央部（新カスティーリャ）の都市・村落からは七二一通、インディアスからは二〇八通の「地誌報告」が提出されて、エル・エスコリアル図書館に集められた。

地理情報の収集は、アラゴン連合国やナバーラ王国というスペイン君主国の他の諸王国にまで拡大することも企図されたようである。しかしフェリペの時代には、それ以上の具体化はなされなかった。しかも、これらの「地誌報告」は、その後、カスティーリャとインディアスの修史官によって積極的に利用されることも、王国行政の再編強化のために活用されることもほとんどなかったようである。王国統治の壮大な意図と現実との乖離を如実にあらわす事例であったといえる。

これらの文書は、十八世紀後半になって王立歴史アカデミー▲の「地理歴史事典」編纂の際に参照されたが、本格的に焦点があてられるのは二十世紀の歴史家による地域史研究のための史料としてであった。その意味では少なくとも「知恵と知識の集積拠点」として期待されたエル・エスコリアル図書館は、後世に大きな知的財産を残すことになったのである。

レパント沖の海戦

父カルロスは、フランスのイタリア進出の動きを牽制しつつ、オスマン帝国が西地中海に覇権を確立するのを阻もうとしたが失敗した。息子フェリペは、カトー・カンブレジ条約でフランスの脅威がなくなると、イスラームとの戦いを本格

▼王立歴史アカデミー　一七三五年に始まったサロンに起源をもち、三八年、王令によって認可された。王立歴史アカデミーの目的は、「無知や悪意によって持ち込まれた歴史神話」をしりぞけて、「信憑性のある出来事」にもとづいた歴史を書くことにあるとされた。同アカデミーは、今日までスペイン国民史学の拠点となってきた。

▼メディナセーリ公フアン・デ・セルダ・イ・シルバ（一五一四頃〜七五）　スペインの大貴族で、第四代メディナセーリ公。一五五七年から六四年までシチリア副王を務めた。尽力して組織した艦隊は、一五六〇年、ジェルバ島の戦いで壊滅的打撃を受けた。

▼スレイマン一世（一四九四〜一五六六）　オスマン帝国の第十代皇帝（スルタン。在位一五二〇〜六六）。広大な版図に統治諸制度を整えて帝国の最盛期を創出した。西方ではハプスブルク家勢力と対立し、一五二九年にはウィーンを包囲した。東方では三八年にプレヴェザ海戦に勝利して、東地中海の制海権を手にいれた。さらにスペイン・ハプスブルク家と対立するフランスと同盟を結び、西

化させて、トリポリ遠征を企てた。シチリア副王メディナセーリ公▲は、シチリア人とジェノヴァ人が主体の艦隊を組織したが、一五六〇年、ジェルバ島を占領するもののオスマン海軍の総攻撃を受けて、壊滅的打撃を被った。さらにオスマン皇帝スレイマン一世▲は六五年にマルタ島占領を企てたが、これは聖ヨハネ騎士団▲によって撃退された。

スレイマンの後を継いだセリム二世▲は、一五七一年にキプロス島を奪い、全地中海が脅威に晒されていることを実感させた。ヴェネツィアは教皇パウルス五世とフェリペ二世に救援を求め、同年五月には三者による神聖同盟が結成された。フェリペは艦隊の総司令官を、モリスコ反乱に武勲を立てたドン・ファン・デ・アウストリアに任せた。艦隊は全部で二一三隻のガレー船▲からなったが、その半分はスペインが調達した。

一五七一年十月七日、レパント沖の海戦で神聖同盟のガレー船は、オスマン帝国の約二〇〇隻のガレー船と対決したが、激しい戦闘のすえ、多くの犠牲者を出しつつも、オスマン帝国のガレー船を八四隻沈め、一一七隻を拿捕《だほ》した。この海戦に参加したのちの世界的文豪セルバンテス（六〇頁用語解説参照）は、小説『ド

地中海にも覇権を及ぼした。

▼聖ヨハネ騎士団　テンプル騎士団、ドイツ騎士団と並ぶ三大宗教騎士団の一つで、マルタ騎士団ともいう。十一世紀に起源をもち、ロドス島を本拠として地中海で活躍した。神聖ローマ皇帝カール五世からマルタ島を与えられ、一五六五年には、スペインの救援を受け、オスマン帝国スレイマン一世からの攻撃を退けた。以後、十八世紀末まで騎士団国家として独立を維持した。

▼セリム二世（一五二四〜七四）　オスマン帝国の第十一代皇帝（在位一五六六〜七四）。父スレイマン一世と比べて凡庸と評され、即位後一度も親征をおこなわず、大宰相らの官人が活躍した。オスマン艦隊は、一五七一年にキプロス島を奪取した。この陥落はキリスト教諸国に衝撃を与え、同年十月のレパント沖の海戦での神聖同盟の勝利につながった。

▼ガレー船　古代から十九世紀まで地中海で使用された、櫂と帆を併用した軍船。細長く低い船体で、操縦性に優れた。漕ぎ手には、十六世紀になると戦争捕虜や囚人が多く使われた。

ン・キホーテ』（一六〇五年出版）で「その日はキリスト教世界にとってとてもめでたい日になりました。と申しますのも、その日、世界の諸国民がそれまで陥っていた、トルコ軍は海上にあっては無敵であるという迷信から覚めることになったからです」と記している。しかし、この勝利は、当初考えられていたほど大きなものではなかった。

セリム二世は、この敗戦の一年後には強力な艦隊を再建した。フェリペもレパント沖の海戦の損失を回復するためにガレー船の再建を命じたが、遅々として進まなかった。そうしたなかでヴェネツィアは、一五七三年三月には神聖同盟を離れて、オスマン帝国と講和条約を結んでいる。ドン・フアン・デ・アウストリアは、同年十月にチュニスを占領し、その防備のために強力な守備隊をおくことを兄フェリペに主張したが、ネーデルラント反乱に悩まされていたフェリペは迅速な対応がとれなかった。スレイマンは、七四年にチュニスをふたたび奪還し、さらにシチリア島のスペイン要塞を荒らしまわっている。

一方、モロッコのサアド朝▲は、一五七八年にアルカセル・キビールの戦い（七〇頁参照）で、侵攻してきたポルトガル軍を壊滅させた。フェリペは、マグリブ

▼**ミゲル・デ・セルバンテス**（一五四七〜一六一六）　若い頃からスペイン各地を転々とし、イタリアに渡ってナポリで海軍に入隊、一五七一年のレパントの海戦に従軍し、負傷して左腕の自由を失う。その後アルジェで五年間の虜囚生活を送るなど、波乱万丈の人生を送る。十六世紀末からはその人生経験をもとに執筆活動を本格化させ、一六〇五年、スペイン黄金世紀の最高傑作とされる長編小説『ドン・キホーテ』を出版した。

▼**サアド朝**　一五〇九年から一六五九年までモロッコを支配したシャリーフ（予言者ムハンマドの末裔）系王朝で、マラケシュを首都とした。オスマン帝国の介入やポルトガル軍の侵入を退け、十六世紀末にアフマド・アル＝マンスール治下で最盛期を迎えた。

●―レパントの海戦

●―ガレー船

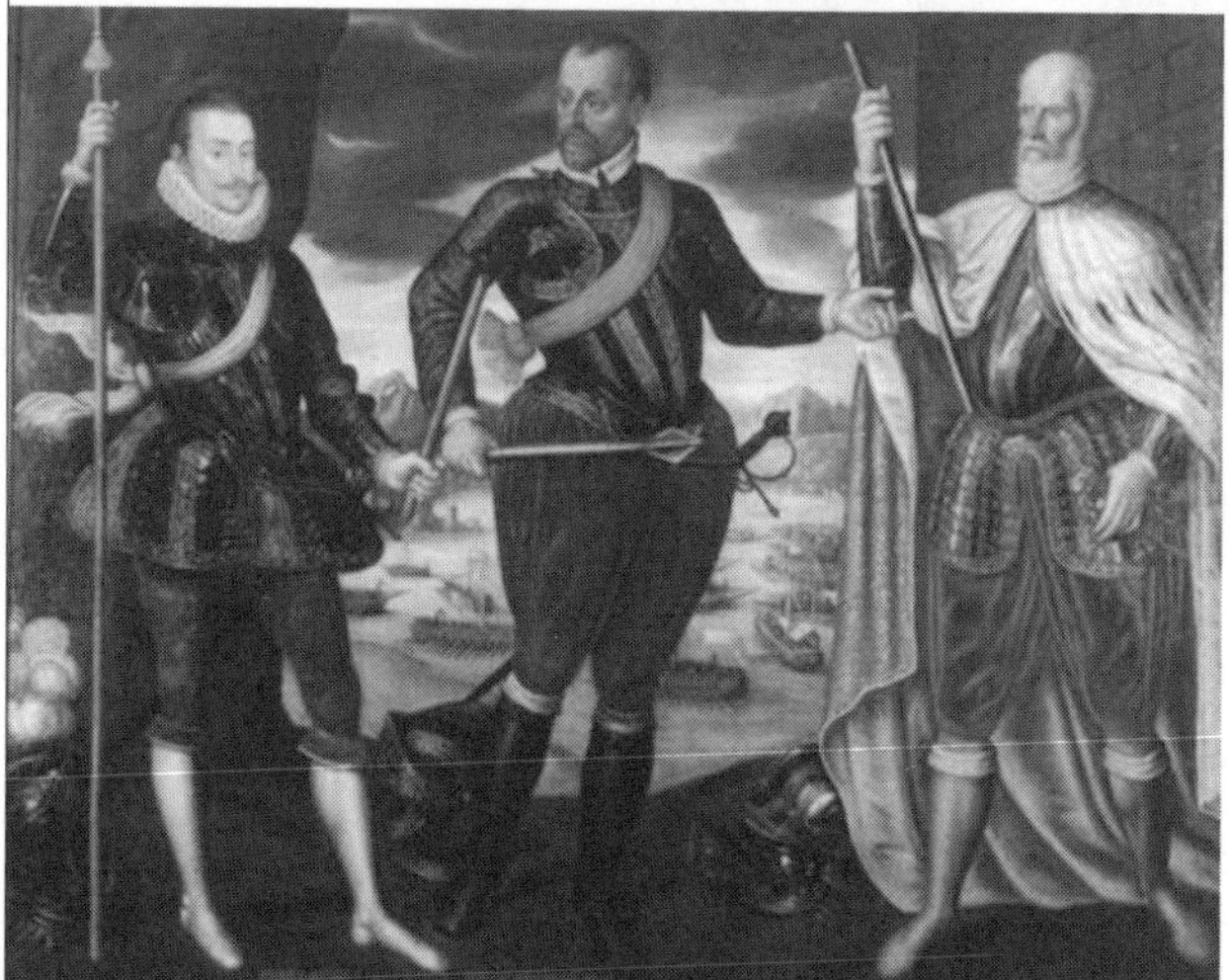

●―レパントの海戦の神聖同盟艦隊の司令官たち（左からドン・ファン・デ・アウストリア、マルカントニオ・コロンナ、セバスティアノ・ヴェニエル） ウィーン美術史美術館蔵。

への進出を諦めて、地中海がオスマン帝国の影響下にあることを認めざるをえなかった。スペインは、七八年、八〇年、八一年とオスマン帝国と休戦協定を結び、これ以上の地中海での直接的戦闘を避けることにした。

オランダとの対抗

一五六七年からネーデルラント総督となったアルバ公は、数々の特権侵害と増税のために、大きな反発を招いた。亡命者たちを集めた「海乞食」と呼ばれる私掠の船団が組織されて港町の安全を脅かし、彼らに支援されたオラニエ公は、七二年四月にデン・ブリーレを占拠し、ホラント州とゼーラント州を中心に傘下の都市を増やし、七月までにその数は二六を数えた。アルバ公は反撃に出るも、この二州は反乱派の拠点であり続けた。七三年末、すでに六六歳となったアルバ公の権威は失墜し、フェリペは、より柔軟な姿勢をみせるエボリ派のルイス・デ・レケセンス▲を新総督に任命した。このときのアルバ公に対する「汝の渇望を満たすだけの金銭はない」というフェリペの叱責の激しさは注目に値する。

▼**ルイス・デ・レケセンス**（一五二八～七六、ネーデルラント総督在職一五七三～七六）　バルセローナ生まれの軍人・政治家で、レパント沖の海戦ではドン・ファン・デ・アウストリアの右腕として勝利に大きく貢献した。一五七二年にミラノ公国総督となり、七三年にアルバ公に代わるネーデルラント総督となった。事態の鎮静化に努めるが、七六年にブリュッセルで病に倒れた。

しかし「節度と寛大さ」で事態の収拾を期待されたレケセンスは、数多くの都市の反乱を一つずつ潰していくには「時間もお金もない」と認識して、神聖ローマ皇帝マクシミリアン二世に仲介を要請し、反乱指導者オラニエ公ウィレムとブレダで和平交渉に臨んだ。レケセンスはネーデルラントからのスペイン軍撤退の条件を提示したが、カトリックが同地域の唯一の公認宗教であるという立場だけは譲れなかった。しかしカルヴァン派はすでにホラント州とゼーラント州で浸透しており、ウィレムはこの提案を飲むわけにはいかなかった。

一五七五年九月、国際金融業者への利子支払いに窮したフェリペは、カスティーリャで第二回国庫支払い停止宣言をおこなった。そのためにネーデルラントのスペイン軍の兵士たちへの俸給支払いができなくなった。七六年三月、レケセンスは病に倒れて亡くなり、さらに事態が緊迫化するなかでフェリペは、ドン・ファアン・デ・アウストリアを新たな総督に指名し、イタリアからネーデルラントにただちにおもむくように要請した。

しかし、レパント沖の海戦での勝利、さらにチュニスの占領を勝ち取っていたフェリペの異母弟は、イングランドを征服して国王となるという大きな野望を抱くようになっていた。ドン・ファアンはフェリペの意向を無視してマドリードに寄り、イングランド征服計画への賛同をえようとしたが、巧みにかわされた。また、「カスティーリャ王子」の称号をえようとしたが、嫡子でない人物を「王子」と認めることをフェリペは肯《がえ》んじなかった。ネーデルラント総司令官も任されたドン・ファアンは、イングランド征服の野望をうちに秘めつつかの地へと向かった。

一五七六年になるとスペイン軍は俸給未払いによりブラーバント州の各地で略奪に走った。同年十一月のアントウェルペンの略奪▲は、数千人の市民を虐殺するというすさまじいものとなった。フェリペ国王側についていた南部のカトリック諸州もホラント州、ゼーラント州と手を結んで(ヘントの和約)、宗教問題を一時棚上げして、一致してスペイン軍の撤退を迫った。新総督として着任したドン・ファアンは、七七年二月、反スペイン感情の高まりを抑えるために一度は妥協を余儀なくされたが、同年七月には鎮圧姿勢に転じて、スペイン軍をふたたび展開させた。インディアス銀のセビーリャ到着で、軍隊への俸給支払いのめどが立ったからである。

▼**アントウェルペンの略奪**　アントウェルペンはフランドル地方の毛織物輸出港として栄えるが、オランダ独立戦争に際し、一五七六年にスペイン軍によって略奪されて多数の市民が虐殺され、数百の家屋が焼き払われた。この結果、ネーデルラント全州は「ヘントの和平」を結び、南北諸州の宗教対立を棚上げにしてスペイン軍撤退を迫った。しかし和平は一時的なものにとどまり、アントウェルペンは八五年にスペイン軍に占領されて、カルヴァン派商人は北部アムステルダムなどに逃れた。

●―一五七六年アントウェルペン市庁舎の火災

●―アントウェルペン市民虐殺の光景

この間もドン・フアンはイングランド征服の画策を続けて、フェリペを疑心暗鬼にさせた。後述するように、フェリペの秘書官アントニオ・ペレス（八五頁参照）は、一五七八年三月にドン・フアンの秘書官フアン・デ・エスコベード（八六頁参照）を配下の者を使ってマドリードで暗殺するが、その背景にはドン・フアンの執拗な野望があったのである。しかしドン・フアンは、同年十月、夏からの病を悪化させて死去した。この後任には、フェリペの甥のパルマ公アレッサンドロ・ファルネーゼ▲が指名された。

オラニエ公は反乱州の拡大をめざし、徹底抗戦を続けた。一五七九年一月には北部三州でユトレヒト同盟を結び、翌年には北部四州もこれに加わった。北部七州は結束を強め、八一年七月にフェリペのネーデルラント統治権を否認することを宣言した。その後、八四年にオラニエ公が暗殺されて政治的には紆余曲折をたどるが、北部七州の枠組みは維持され、十六世紀末には英仏が主権国家としてのオランダ共和国を承認する。

一方、パルマ公の南部諸州での懐柔策は成功し、諸特権の回復とカトリックの秩序維持を目的として一五七九年一月にアラス同盟が締結された。パルマ公

▼パルマ公アレッサンドロ・ファルネーゼ（一五四五～九二、ネーデルラント総督在職一五七八～九二）　第二代パルマ公とカルロス一世の庶子マルゲリータのあいだに生まれたスペインの軍人。母マルゲリータがネーデルラント総督（在職一五五九～六七年）のときにブリュッセルへ移住。一五七八年に叔父フェリペ二世からネーデルラント総督に任じられ、七九年にアラス同盟を結んで南部一〇州をスペインに帰属させる。アンリ四世に抵抗するカトリック同盟を支持してフランス宗教戦争に介入するが、九二年にルーアンで重傷を負って、まもなく死去した。

は、フランドルとブラーバント州の諸都市を次々に攻略し、八五年にはアントウェルペンを占領した。この町の奪還の知らせを受けたフェリペは、一五六八年のサン・カンタンの勝利の知らせを受けた時と同じほどに、「めでたい（アルブリシアス）」と歓喜の声をあげたとされる。

そしてパルマ公は、新教徒の北部への移住を容認したために、南部十州はカトリック地域として宗教的統一を回復した。この地域は引き続き、スペイン領ネーデルラントとしてスペイン・ハプスブルク家の勢力圏に留まることになった。しかしスペインが北部七州、つまりオランダを回復することはすでに絶望的であった。

フランス宗教戦争への介入

十六世紀半ばになると隣国フランスでは、プロテスタントが大きな政治勢力になっていた。カトリックとプロテスタント（ユグノー）の宗教対立は激しさを増し、一五六二年に宗教戦争が開始された。フランスでは一五九八年まで八次にわたる内戦が続いたが、当初フェリペは不介入の立場をとった。カトリック支援の明確な立場をとると、ドイツのプロテスタントの援軍がやってくるのではないかと恐れたからである。

しかし一五七二年に聖バルテルミの虐殺▲と呼ばれるプロテスタントに対する虐殺が起こって、カトリックとプロテスタントの対立は抜き差しならないものになった。カトリックが七六年に旧教同盟▲を結成すると、フェリペはその領《りょう》袖《しゅう》ギーズ公への支援を積極的におこなった。さらにアンリ三世▲に嗣子《しし》がなく、ドイツのプロテスタントとイングランド女王の支援を受けるナヴァール王アンリ・ド・ブルボン▲が王位継承者になる恐れが出てくると、ギーズ公への支援をさらに強化した。

フェリペのフランスへの介入には、カトリック擁護やフランドル防衛に加えて、もう一つの大きな目論見《もくろみ》があった。フェリペの娘イサベル・クララ・エウヘニアは、アンリ二世の娘イサベル・デ・ヴァロワとのあいだに生まれた子であった。フランスにはサリカ法▲の伝統があってそれまでは女性の国王即位を認めていなかったが、フェリペは「サリカ法なるものも作為である」と主張する。王朝的利害に立つフェリペにとって、アンリ二世の孫娘が王位継承を要求する

▼聖バルテルミの虐殺　一五七二年八月二十四日(聖バルテルミの祝日)、ナヴァール王アンリと王妹マルグリットの婚礼に集まっていたプロテスタント貴族に対してカトリック側が攻撃を加え、約四〇〇〇人が殺害されたとされる。この事件は地方に波及し、フランスの宗教戦争は泥沼化した。

▼旧教同盟　フランスの宗教戦争期に形成されたカトリック側の同盟で、カトリック同盟(リーグ)とも呼ばれる。一五七六年、国王アンリ三世のプロテスタントに好意的な政策に反発して結成され、ギーズ公アンリが指導者となった。スペインのフェリペ二世は、フランス王権の弱体化を目論んで、旧教同盟に資金援助を与えた。八八年にギーズ公が亡くなり、翌年に新王アンリ四世がカトリックに改宗すると、旧教同盟の勢力は広がりを失って抵抗を終えた。

▼アンリ三世(一五五一～八九)　ヴァロワ朝最後のフランス国王(在位一五七四～八九)。宗教戦争の渦中に即位し、当初は旧教同盟と結ぶが、その領袖ギーズ公と対立して一五八

のは理に適ったことだった。また、フェリペの遺した、「神に誓っていうが余は、余の王国の宗教と平和を守るためにではなく、新たに王国を手に入れようとして戦争を起こしたことはなかった」という言葉は、王位継承権にもとづいてハプスブルク家の支配を他国に拡大することとは矛盾しなかったのである。

しかし、アンリ三世は遺言でアンリ・ド・ブルボンを後継者に指名しており、一五九四年、アンリ・ド・ブルボンはその跡を継いでアンリ四世として即位宣言した。しかもアンリ四世は一五九三年にカトリックに改宗しており、九八年四月、ナントの勅令によって、プロテスタントに一定の信仰の自由を認めて宗教戦争を終結させた。フェリペはアンリ四世即位後もしばしのあいだ旧教同盟に与《くみ》したが、フランス国内ではポリティーク派と呼ばれる王国統一を優先する勢力が広がりをみせ、フェリペの介入は逆にフランス再統一の機運を助長させた。スペインはこれ以上なすすべもなく、九八年五月、フェリペ二世とアンリ四世のあいだでヴェルヴァン条約が結ばれて和睦がなった。

八年にブロワ城内でギーズ公を暗殺した。その翌年、アンリ三世も、カトリック修道士の手で刺殺された。

▼アンリ・ド・ブルボン（一五五三〜一六一〇）　一五六二年、母の跡を継いでナヴァール王に即位。母の影響でプロテスタント（ユグノー）の首領として活躍。アンリ三世の暗殺後、アンリ四世として即位し、フランス・ブルボン王朝の初代王となる（在位一五八九〜一六一〇）。九三年にアンリ四世はカトリックに改宗し、九八年までに内乱を終結に導いた。九八年にはナントの勅令を発して国内の宗教的和平を図る一方、スペインとはヴェルヴァン条約を締結して和睦を実現した。

▼サリカ法　フランク族の一派サリ支族の部族法典で、成立は六世紀初めとされる。サリ支族はフランク族の中心勢力であったために、この法典はフランク王国法に大きな影響を与えたとされる。

ポルトガル国王への即位

イベリア半島の隣国ポルトガルに関しては、王朝的利害にもとづいた王位継承権の要求が功を奏することになった。一五七八年、サアド朝(モロッコ)とのアルカセル・キビールの戦い▲でポルトガル国王セバスティアン▲が嗣子なくして死去すると、大叔父で高齢の枢機卿ドン・エンリケ▲が後継王となった。しかし八〇年一月、後継を指名できないまま死去し、結局は有力候補者同士の争いとなった。民衆に人気のあったのはマヌエル一世の孫のクラト修道院長ドン・アントニオ▲であったが、やはりマヌエル一世の孫であるフェリペ二世は頑なに継承権を主張した。最後の王にもっとも近い血縁で男子優先という原則に従えば、フェリペが優位であったからである。ドン・アントニオもフェリペ二世もともに折れることはなく、結局は力による解決となった。

フェリペは、側近のポルトガル人クリストバル・デ・モウラ▲を派遣して、ポルトガルの支配層へのさまざまな懐柔《かいじゅう》工作をおこなった。フェリペのポルトガル国王即位は国王の兼任であって、併合を意味しないことを力説した。フェリペが、アルカセル・キビールの戦いの捕虜八〇〇〇人の身代金を肩代わりした

▼アルカセル・キビールの戦い　ポルトガル国王セバスティアンは、モロッコ占領を企てて、一五七八年自ら一万七〇〇〇人の兵士を率いてアルカセル・キビールに遠征したが、サアド朝のアブド・アル＝マリク一世の軍隊に大敗北を喫した。セバスティアンも含めて約八〇〇〇人が戦死し、残りはほとんど捕虜となった。

▼セバスティアン(一五五四～七八)　祖父ジョアン三世の跡を継いでセバスティアン一世(在位一五五七～七八)となる。十字軍としてのモロッコ征服の夢に取りつかれて、一五七八年にアルカセル・キビールに遠征したが戦死した。セバスティアンは未婚であったため、ポルトガル王位は枢機卿ドン・エンリケに渡った。まもなくポルトガルはスペインに併合されるが、併合時代(一五八〇～一六四〇年)には、戦死したはずのセバスティアンが生還して祖国を解放してくれるというセバスティアン信仰が高まった。

▼ドン・エンリケ(一五一二～八〇)　ジョアン三世の弟で、聖職者の道に入り、ブラガ、エヴォラ、リスボン大司教、そして枢機卿となる。一五七八年、又甥のセバスティアン一世

ことも有利に働いて、貴族層の支持が広がった。一方、ドン・アントニオ支持派を抑え込むために、かつてネーデルラントで獰猛《どうもう》で名をはせたアルバ公の軍勢を国境地帯に配備した。

　一五八〇年八月、アルバ公はリスボンに到着し、アルカンタラの戦いでドン・アントニオの軍勢を蹴散らし、兵士たちに街を略奪させた。この野蛮な征服行為は、多くのポルトガル人の心のなかに遺恨として残る。ドン・アントニオは、その後もフランスやイングランドの支援を受けて国外から抵抗を続けたが、フェリペを脅かすにはいたらなかった。

　一五八〇年夏、フェリペはポルトガル国王即位のためにマドリードを離れて、家族と側近を引き連れてポルトガルとの国境に近いエストレマドゥーラ地方のバダホスに「宮廷」を移動させていた。アルバ公の勝利の知らせを受けて同年九月、フェリペはポルトガル国王即位を宣言し、国境を越える算段に取り掛かった。しかし、近親者の多くが流行り病に罹って、十月には王妃アナが命を落とすという不幸に襲われた。四回目の結婚で手に入れたアナとの平穏な日々は呆気なく終わり、以後フェリペは寡を通すことになった。

の逝去によりエンリケ一世となるが、一五八〇年一月、後継を指名できずに死去した。ポルトガル継承戦争を経てスペイン国王フェリペ二世がポルトガル国王フィリペ一世となる。

▼ドン・アントニオ（一五三一～九五）　クラト修道院長のドン・アントニオは、マヌエル一世の孫で、ジョアン三世の甥であった。一五八〇年六月、エンリケ一世の後継候補者に名乗り出たが、スペイン軍との戦闘に敗れてフランスに逃れた。その後もフランスやイングランドの支援を受けて王位獲得を画策するが、フェリペ二世の王位併合を覆せなかった。

▼クリストバル・デ・モウラ（一五三八～一六一三）　ポルトガル出身の貴族で、一五五四年にスペインに移住しフェリペ二世につかえる。ポルトガルの王位継承問題が生じるとフェリペの王位継承に向けて尽力し、即位後に組織されたポルトガル会議で重要な役割を果たした。ポルトガル問題に長けたため、次の国王フェリペ三世はモウラをポルトガル副王に任命している。

メダイヨン「地球だけでは足りない Non Sufficit Orbis」（一五八三年頃に鋳造）

フェリペは翌年四月、ポルトガルのトマールで開催された同王国議会でフィリペ一世として即位した。四月三日にトマールからマドリードに戻した二人の娘イサベル・クララ・エウヘニアとカタリーナ・ミカエラに宛てて送った書簡では、ポルトガル国王としてつくらせた新たな印章について誇らしげに語っている。フェリペは六月にリスボンに凱旋し、リベイラ・ダス・ナウス王宮に一五八三年二月まで滞在したのち、マドリードに帰還した。

一般に「ポルトガル併合」といわれるが、フェリペはポルトガル独自の法制度や習慣を尊重するという約束をおおむね遵守した。フェリペはポルトガル語の修得にも熱心に励んだとされる。ポルトガルが「複合君主政」の一角を占めることの意味は大きかった。スペイン・ハプスブルク家は、その支配をヨーロッパからアジア、アフリカ、アメリカへと拡大して、つねに領土のどこかに太陽が昇っている「太陽の沈まぬ帝国」を実現したのである。ポルトガルの権益は、スペイン帝国の一員として擁護される一方で、スペインを敵とする諸国からの攻撃にさらされることにもなった。

こうして、国内ではモリスコ反乱の鎮圧、対外的にはフランスとのイタリア

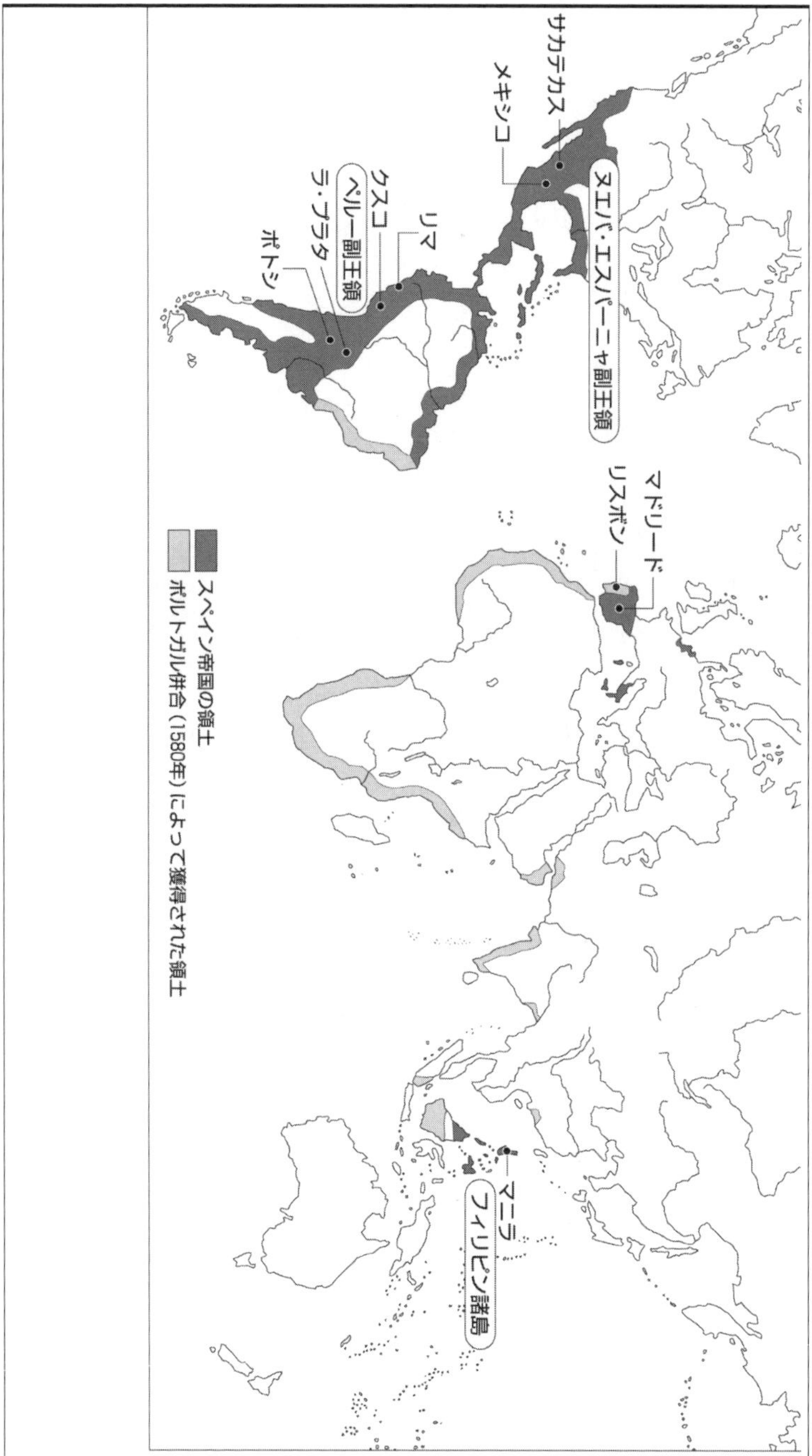

●フェリペ二世の版図（太陽の沈まぬ帝国）

戦争、オスマン帝国の地中海進出への対抗、ネーデルラントのプロテスタントの台頭への対応、フランス宗教戦争への介入と目まぐるしい日々を送り、「名声」の保持に努めてきたフェリペは、一五八一年にポルトガル国王即位を実現して絶頂のさなかにあった。八四年には、壮大なエル・エスコリア修道院も完成した。この年、インディアスのラ・プラタ（現在のボリビアのスクレ）から贈り物を献呈した官僚のセペーダ▲は、「神が地上に遣わした最良で最大の君主」であるとフェリペを称えている。歴史家パーカーは、フェリペが「メシア帝国主義▲」に囚われていたと述べるが、スペイン王権は神意を体現しているという見方は当時のエリート層のあいだに大きく広がっていた。

しかし度重なる戦争で王室財政はさらに逼迫し、対外政策の遂行はインディアスからもたらされる銀にますます依存することになった。一五八三年末には外国への金貨・銀貨の「持ち出し許可（リセンシアス・デ・サカ）」を撤回して、ネーデルラント総督パルマ公への支援を強化している。その一方で、八四年九月、財務会議に命じて収入支出の管理強化を命じた。先述したように、カスティーリャ経済の落ち込みは、根本的にはイングランド、オランダ、フランスの

▼ファン・ロペス・デ・セペーダ（？〜一六〇二）　スペイン出身の植民地行政に携わった文官。インディアスの各地で聴訴官などを務め、パナマ聴訴院長を経て、一五八〇年にチャルカス聴訴院長（ラ・プラタに所在）となる。

▼メシア帝国主義　イギリスの歴史家ジェフリー・パーカーがフェリペ二世の統治理念を定義した言葉で、フェリペは自らの戦略を「神の摂理」と同一視し、スペイン王権が神意を体現しているとみなしたとされる。ただ実際の政策では、カトリックの擁護とともにハプスブルク家の王朝利益の優先が図られた。

商品が国際競争力に勝っていたためである。八〇年代から晩年にかけて、「宗教(カトリック)とキリスト教世界の保持」という大義を掲げて「名声」を保つことは困難となる。

息子フェリペ、娘イサベルとカタリーナ

一五八三年にマドリードに戻ったフェリペは、五六歳になろうとしていた。王朝国家の永続(アエヴム)▲にとって王位継承者を確保することは不可欠であったが、前述したように、最初の結婚で生まれたドン・カルロスは一五六八年に亡くなり、二番目のメアリーとのあいだには子どもが生まれず、三番目のイサベル・デ・ヴァロアとのあいだには、イサベル・クララ・エウヘニアとカタリーナ・ミカエラの二人の女の子しかいなかった。四番目のアナとのあいだには子どもが五人生まれるが、長男フェルナンド(一五七一～七八)、次男カルロス・ロレンソ(一五七三～七五)はすでに亡くなっており、さらには一五八二年に三男ディエゴ(一五七五～八二)、八三年に長女のマリア(一五八〇～八三)と立て続けに亡くなった。

▼永続(アエヴム)　ヨーロッパ中世に、神の永遠の時間(アエテルニタス)と世俗の儚い時間(テムプス)とのあいだの永続的な世俗の時間(アエヴム)という時間概念が生まれた。「王朝」という概念はまさにこの永続的な世俗の時間であり、近世に入ると特に「王朝」の永続を保障するための王位継承者の確保が重要視される。

一五八三年の時点で、王位継承王子となる可能性があるのは一五七八年に生まれた四男フェリペ▲だけであった。側近たちはフェリペに再度の結婚を強く勧めたが、敵対するフランスやイングランドから候補をみつけることは考えられず、ハプスブルク家のなかで候補となりうるのはマルガリータだけだった。マルガリータは四番目の妻アナと同じく、フェリペの妹マリア・デ・アウストリア(四二頁参照)が一五六七年に生んだ子(一五番目)で、やはり叔父・姪の関係だった。マリアは夫マクシミリアン二世が亡くなると、カトリック信仰の篤さからデスカルサス・レアレス修道院▲に蟄居《ちっきょ》することを決め、尼僧になることを望んでいた娘マルガリータを連れて一五八二年にマドリードに戻っていた。そこでフェリペも、側近たちの声に動かされて若い姪との結婚を進めようとしたが、八四年秋、その峻拒《しゅんきょ》にあって断念した。マルガリータは、「私はもっと偉大な主人たる天の王に身を捧げようとしているのに、地上の王と結婚するなどということがありえましょうか」と述べたとされる。その後、彼女は尼僧として修道院に暮らし、一六三三年にその生涯を終えた。

フェリペは、やがてカトリック王となる息子フェリペの帝王教育に気を配り、

▼四男フェリペ(一五七八〜一六二一)　フェリペとアナのあいだに生まれた末子で、のちにフェリペ三世(在位一五九八〜一六二一)となる。父フェリペは、従順だが消極的な息子の将来に不安を抱いたとされる。実際にフェリペ三世は、寵臣レルマ公に大きく依存して、積極的対外政策を打ち出さなかった。だが、大きな戦争に巻き込まれなかったという功績が近年は評価されている。

▼デスカルサス・レアレス修道院　マドリードにある女子観想修道会のクララ会の修道院で、カルロス一世の娘ファナが一五五九年に建立した。十六・十七世紀にはもっぱら王侯貴族の未亡人や独身女性を受け入れて、その受け入れ貢納金のおかげでもっとも裕福な修道院となった。

フェリペ二世と二人の娘、フェリペ王子

▼ヴェネツィア大使トマス・コンタリーニ　ヴェネツィアからマドリードに派遣された大使トマス・コンタリーニは、一五八九年から九三年にかけてのスペイン滞在中に知った宮廷世界についての詳しい報告書を残している。

一五八三年から八六年にかけてイベリア半島の諸王国議会で王位継承王子と認めさせた。だが、残されたヴェネツィア大使トマス・コンタリーニ▲などの書簡から察するに、息子フェリペは従順だが凡庸だったようである。フェリペは晩年まで息子の為政者としての能力が気がかりだったようで、「クリストバルよ、息子がほんとうに統治できるか心配だ」と側近のクリストバル・デ・モウラに語っている。

会話や手紙のやり取りで寡となって歳を重ねる国王の心を和ませてくれたのは、年子の娘イサベル・クララ・エウヘニアとカタリーナ・ミカエラであった。一五八一年から八三年にかけてリスボンに滞在したフェリペは、マドリードの二人の娘に宛てて頻繁に手紙を送り、その返事を待ち侘びた。これらとその後に二人に送った書簡、さらにサヴォイア公国に嫁がせたカタリーナ宛の書簡の合計一三三通のフェリペ自筆の私信はカタリーナのもとで保管され、現在はトリノ国立文書館に所蔵されている。

たとえば、一五八二年三月、一六歳のイサベルと一五歳のカタリーナに、「お前たちはずいぶんと大きくなっただろうね、特に次女のほうは。最後にお

▼**カルロ・エマヌエレ一世**（一五六二〜一六三〇）　サヴォイア公（在位一五八〇〜一六三〇）としてトリノに宮廷を構え、詩人や芸術家に囲まれた。フェリペ二世の娘カタリーナ・ミカエラ（イタリア語名はカテリーナ・ミケーラ）と結婚し、一〇人の子どもをもうける。

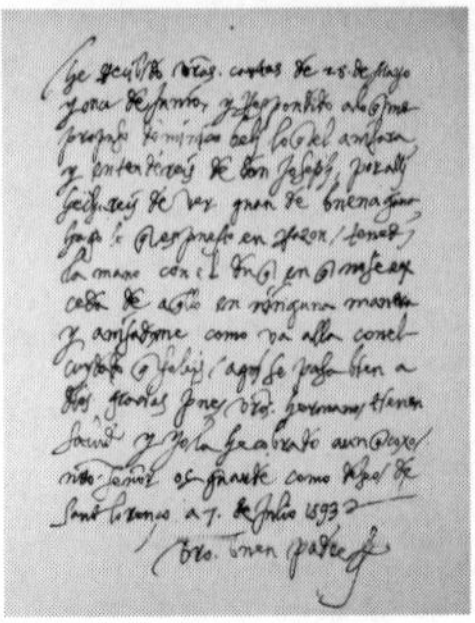

フェリペのカタリーナ宛の書簡　一五九三年七月七日付。トリノ国立文書館蔵。

前たちを見てからどのくらい大きくなったか、物差しで測って教えてほしい」と伝えて、二人の肖像画を手に入れたようである。この三カ月後には、「肖像画だけではなく、ほんとうにお前たちを見てみたい」と記している。八三年にマドリードに戻ったフェリペは、二人の娘とたびたびカード遊びや食事を楽しんだとされる。

　こうした愛情あふれる態度は、フェリペがつねに描いていたスペイン・ハプスブルク家の「永続」戦略を打ち消すものではない。一五八五年三月には、一八歳に満たないカタリーナを、ヨーロッパ統治戦略のかなめの一つであったサヴォイア公国のカルロ・エマヌエレ一世▲に嫁がせている。このときフェリペは、バルセローナ港で船影が消えるまで高い教会の鐘楼から娘を見送り、「見渡す限り海が見えたが、汝はもはや見えなかった」とあとで娘に書き送っている。カタリーナは一五九七年にトリノで亡くなったが、その知らせはこれまでになかったほどの落胆をフェリペに与えたとされる。

　一方、「唯一の慰め」であった長女のイサベルに関しては、王位継承者のフェリペが幼子だったこともあり、外国に嫁がせることには慎重だったようであるが、幸いに息子フェリペは大病もせずに育った。アンリ・ド・ブルボンに対抗してフランス女王にしようとする目論見に失敗したあと、フェリペは晩年に思い切った戦略を決定した。すでに分裂が規定事実となっていたネーデルラントの統治に関してはパルマ公亡きあと何人かの総督が指名されていたが、一五九八年、息子フェリペの継承からは切り離して、従弟のオーストリア大公アルブレヒト▲に嫁ぐ婚資としてこれをイサベルに譲ることにしたのである。フェリペは、スペイン・ハプスブルク家の分岐した家系がネーデルラント（形式的には全一七州）を統治することで、反乱の収束を願ったのである。だが実際は、北部七州がいまさら独立を放棄することはなく、イサベルとアルブレヒトの共同統治は南部諸州に限定された。両者亡きあとに南部諸州はスペイン国王の領土に戻るが、十八世紀初めのスペイン継承戦争の結果、オーストリア・ハプスブルク家のものとなる。

▼オーストリア大公アルブレヒト（一五五九～一六二一）　スペイン語名はアルベルト。神聖ローマ皇帝マクシミリアン二世とカルロス一世の娘マリア（フェリペ二世の妹）とのあいだの子で、一五八三年にポルトガル副王、九四年にはトレード大司教に任命される。九六年にはネーデルラント総督に任ぜられ、九八年に還俗して翌年にフェリペの娘で従妹のイサベル・クララ・エウヘニアと結婚した。この結婚後にアルブレヒトとイサベルはネーデルラント（実際には南部十州）の共同君主となった。

⑤—無敵艦隊敗北から晩年

無敵艦隊の敗北

一五八〇年代になるとフェリペは、ますます「篤信の国王」の姿を強めることになった。ほとんど黒装束で通すことになり、唯一の装身具は、ブルゴーニュ公国の王朝的連続性を象徴する金羊毛《きんようもう》騎士団▲の記章のペンダントだけであった。のちの「黒い伝説」で語られるエル・エスコリアル修道院に閉じこもる国王というイメージも、この頃のフェリペをみるとあて嵌《は》まらないわけではない。

フェリペが「至福の旅行」(一五四八〜五一年)に随《したが》わせた信頼のおける側近たちも七〇年代後半に相次いで亡くなり、一時は距離をおいたものの外交問題に長けたその能力を買って一五七九年にイタリア会議議長に任命したグランヴェルも、八六年に亡くなった。異端審問長官ガスパル・デ・キローガ▲はエスピノーサと同じく不寛容で、政治力に欠けていた。文官(レトラード)に重きをおいて諸顧問会議からの答申を参考に政策判断をするフェリペの統治の仕方は、行き詰まりをみせた。調整役となる有能な秘書官ないし相談役がいなかったから

▼金羊毛騎士団　一四三〇年にブルゴーニュ公フィリップ三世(善良公)が創設した騎士団で、イエスの使徒の聖アンデレを守護聖人として「キリスト教信仰の擁護」を目的とする。「金羊毛」はギリシア神話のイアソンの物語に由来するとされる。ハプスブルク家マクシミリアン一世がブルゴーニュ女公マリーと結婚したことに伴い、騎士団主権者の地位はハプスブルク家が継承した。フェリペ二世はこの騎士団記章を身につけることで、ブルゴーニュ公から受け継いだカトリック擁護の伝統を顕示していたのである。

▼ガスパル・デ・キローガ(一五一二〜九四)　サラマンカ大学で神学と法学を学び聖職者兼法曹の道に入る。一五七三年にディエゴ・デ・エスピノーサの後任の異端審問長官(〜九四)、一五七七年にはトレード大司教(〜九四)となる。エスピノーサに続いて「宗派体制化」を進め、異端審問所の社会的統制機能を強めた。宮廷内党派としてはエボリ派に加担し、アントニオ・ペレス逮捕後はその政治力を弱めた。

●—スペイン無敵艦隊の図

●—黒装束のフェリペ二世

アロンソ・サンチェス・コエリョの描いた肖像画(一五八七年)

である。そこでフェリペは、少人数の有力貴族を中心とする評議会（フンタ）に政策判断を委ねるようになった。これは当初、「夜の評議会」と呼ばれた。それは夜遅くに開かれたからである。

一五八五年、この評議会の議長を務めたのは、かつて幼子フェリペの守役であったファン・デ・スニガの息子ファン・デ・スニガ（一五三九〜八六）であった。幼馴染であったスニガの提言は、ネーデルラントの反乱者を公然と支援するイングランドを叩くしか術はないというものであった。この提案にフェリペは、「必要とされる資金を集めるのは至難の業だ」と答えて、ただちに行動に移すのには慎重な姿勢をみせた。

しかしイングランド女王エリザベス一世は、一五八五年以後、ネーデルラントへの介入を公然とおこなった。さらに、女王の黙認をよいことにドレイク▲やホーキンズ▲らの私掠船《しりゃくせん》▲は、航行するスペイン船を襲い、スペインとインディアスの海岸を荒らしまわり、八七年には要衝《ようしょう》カディスを攻撃した。一方、教皇シクストゥス五世▲はフェリペに対して、カトリック教会に敵対するイングランドへの侵攻を奨励した。フェリペは、イングランド攻撃の準備を急がせて、八

▼ドレイク（一五四〇頃〜九六）　エリザベス一世時代のイングランドの航海者。イングランド人で初の世界周航をおこなう（一五七七〜八〇年）。特にスペイン船やインディアスでの私掠行為で恐れられた。一五八八年の無敵艦隊来襲の際には、副司令官として活躍した。

▼ホーキンズ（一五三二〜九五）　エリザベス一世時代のイングランドの私掠船長で、インディアスへの奴隷貿易に従事。無敵艦隊来襲の際には、海軍の提督として参加した。

▼私掠船　私掠（私拿捕とも）は、近世ヨーロッパで戦争状態にあった外国船への海賊行為で、政府から私掠免許を得て敵国の船を攻撃してその船や積み荷を奪った。一八五六年のパリ条約で列強は私掠船の利用を放棄した。

▼シクストゥス五世（在位一五八五〜九〇）　イタリアの貧しい家系出身の聖職者で、フランシスコ会に属した教皇。五年間と短期間であったが、教皇庁改革をおこない、カトリック教会に反抗するエリザベス一世への敵意を露わにした。

八年一月、水夫一万一〇〇〇人と兵士一万九〇〇〇人を乗せる一三〇隻の艦隊が整った。「無敵艦隊」という言葉は十九世紀の造語とされるが、まさに無敵と称するに値する大艦隊（グラン・アルマーダ）であった。

当初、無敵艦隊の出発は一五八八年一月の予定だったが、艦隊総司令官サンタ・クルス侯▲の急逝などで五月末に延期された。海戦の経験のないメディナ・シドニア公▲が大貴族というだけの理由で代わりに総司令官に選ばれたことは、指揮系統の混乱を予想させた。しかも、リスボンを出港して英仏海峡に向かい、八月初旬、ダンケルクで歩兵連隊を乗船させてからイングランド攻撃に向かう予定であったが、ネーデルラント総督パルマ公は艦隊に合流する艀《はしけ》の用意ができていなかった。さらに「海乞食」の攻撃もあって、この合流を諦めて、投《とう》錨《びょう》して待機していた艦隊を沖合に動かさざるをえなくなった。そして、カレー沖、続いてグラヴリンヌ沖で機動性に長けたイングランド艦隊の砲撃を受け、大きな損害を被った。

八月下旬、無敵艦隊はスコットランドからアイルランドの海域に入って帰路に向かうが、このときはまだ一〇〇隻以上が無事だった。しかし、長い航海で

▼サンタ・クルス侯アルバロ・デ・バサン（一五二六～八八）　「スペイン海軍の父」と称されるスペインの軍人貴族。一五六九年にフェリペ二世が報奨として与えた領地にちなんでサンタ・クルス侯と呼ばれた。七一年のレパントの海戦などで数々の軍功をたてて、イングランド侵攻の無敵艦隊総司令官に選ばれたが、八八年二月にリスボンで急逝した。

▼メディナ・シドニア公アロンソ・ペレス・デ・グスマン（一五五〇～一六一五）　スペインの軍人貴族で、一五五八年、第七代メディナ・シドニア公となる。メディナ・シドニア家はスペインのもっとも裕福で由緒ある家門。八八年二月、フェリペ二世がサンタ・クルス侯亡きあとの無敵艦隊総司令官に任命しようとすると、未経験などを理由に固辞した。結局は受諾して出撃したものの、イングランド艦隊の砲撃に有効に反撃できず、帰路の途に就いた。

船体は損耗し、悪天候や海路の不慣れ、水や食料の不足などに苛《さいな》まれて多くの船が沈没し、海岸に上陸した乗組員は虐殺された。九月中旬、スペインに戻った船は六七隻で、帰還したのは約一万人だけだった。

前近代には、情報を素早く正確に伝えるのは困難であった。フェリペは八月十八日にスペイン艦隊がイングランド艦隊を打ち破ったようだという知らせを受けたようで、翌日、イタリアにいる次女カタリーナに、「まだ正式の書簡を受け取っていないが、そうであることを願っている。神が余に良き結果をもたらし、汝に健康を授けられますように」と記して、その喜びを伝えている。だが、九月三日にはフランス経由で海戦での敗北を知らせる便りが届き、九月には次々と艦隊の難破の知らせを受けてフェリペの落胆が続いた。

しかし一五八八年の遠征でスペインが大西洋での海上権を喪失したわけではなかった。スペインは無敵艦隊を再建して、フェリペは九六年、九七年とさらに二度にわたってイングランド攻撃をめざした。いずれも嵐などに阻まれて失敗したが、スペイン艦隊はイングランドにとって脅威であった。またスペインにとって私掠船は悩ましかったが、インディアスへの航路を大きく脅かされたわけではない。フェリペの治世のあいだに難破した船の割合は五パーセントで、私掠船攻撃を受けた船はわずか一パーセントにすぎなかった。

しかしいうまでもなく、オスマン帝国にとってレパント沖の海戦がそうであったように、「強大で装備が整っている」と誇っていた大艦隊が甚大な損害を被ったことはスペイン帝国の威信を傷つけた。シグエンサ神父▲は次のように記している。「スペインの名声(レプタシオン)は失われた。なぜなら我われは敵の笑いのタネとなっているからである。……これは、ここ六〇〇年以上ものあいだにスペインが被った最大の損失であった」。

アントニオ・ペレス事件

アントニオ・ペレス▲の父ゴンサーロ・ペレス(二一〇頁用語解説参照)は、カルロス一世の時代から有能な国務秘書官であったが、フェリペ二世にも引き続きつかえて宮廷で大きな影響力をもった。その息子アントニオ・ペレスは父の推挙により一五五三年には王子であったフェリペの秘書官となり、六六年に父が死ぬと代わって国務秘書官となり、主としてネーデルラント、フランス、イン

▼シグエンサ神父　ホセ・デ・シグエンサ(一五四四〜一六〇六)。ヒエロニムス会の修道士で、エル・エスコリアル修道院の司書を務める。『聖ヒエロニムス会の歴史』(一五九五〜一六〇五年)で、一五八八年の大艦隊敗北について記述している。

▼アントニオ・ペレス(一五四〇〜一六一一)　フェリペ二世の国務秘書官であったゴンサーロ・ペレスの息子で、父の死後、おなじく国務秘書官に任命される(一五六七年)。エボリ公女と結んでエボリ派のかなめとなって活躍したが、一五七八年、二人の不正を握るファン・デ・エスコベードを暗殺して、翌年に逮捕された。九〇年、監獄を抜け出してアラゴン王国に逃亡し、九一年にはフランスに亡命した。『報告書』(一五九八年)を出版してフェリペの非道を告発したが、一六一一年、貧窮のうちにパリで没した。

グランドとの外交問題に深く関与するようになった。

先述したように、対外的強硬姿勢をとるアルバ派と柔軟姿勢をみせるエボリ派に宮廷内党派は大きく二分されていたが、アントニオ・ペレスと知己のファン・デ・エスコベード▲は後者のサークルに属していた。エボリ公は一五七三年に亡くなるが、未亡人となったエボリ公女▲と親しい関係にあったペレスが、エボリ派のかなめとなって影響力を行使した。彼は、国務秘書官として手に入る機密を密かに横流しし、官職ポスト就任に便宜を図るなどして大きな蓄財をなしたとされる。

ネーデルラント統治に関しては、アルバ公の強硬路線が躓《つまず》いて、一五七六年にはドン・ファン・デ・アウストリアが総督として赴任したが、ドン・ファンはイングランド征服という大きな野望を抱いていた。ペレスはエスコベードを一五七四年にドン・ファンの秘書官に推挙し、その動向を探らせようとしたが、エスコベードは熱心なドン・ファン支持者になってしまった。そのうえエスコベードは、エボリ派の人脈に長けていたためペレスとエボリ公女の数々の不正の事実を握っていた。

▼ファン・デ・エスコベード（一五三〇～七八）　カンタブリア地方出身で、サラマンカ大学でアントニオ・ペレスとともに学んだとされる。エボリ公の引き立てで宮廷官吏となり、一五七四年にペレスの推挙でドン・ファン・デ・アウストリアの秘書官になった。ペレスの意に反してエスコベードはドン・ファンの信奉者となり、その野望の実現に向けて活動した。七七年六月にドン・ファンの命を受けてマドリード宮廷に赴くが、自身の不正発覚を恐れたペレスは、七八年三月にマドリード市内で彼を刺殺させた。

▼エボリ公女（一五四〇～九二）　アナ・デ・メンドサ・デ・ラ・セルダはカスティーリャの大貴族メンドサ家に生まれ、エボリ公と結婚後はエボリ公女として名をはせる。一五七〇年代、アントニオ・ペレスと緊密な関係をもち、宮廷世界で暗躍した。七九年以後は、死ぬまで蟄居させられた。

一五七七年六月にエスコベードはドン・ファンの命を受けて、その野心的計画を支持するようにフェリペに働きかけるべくマドリードにやってきた。ペレスは自らの不正の発覚を恐れて、エスコベードこそがドン・ファンの無謀な計画の張本人であり、ネーデルラント問題を複雑化しないためにはエスコベード殺害もやむをえないとフェリペに説いたとされる。関係書類がのちに破棄されているため真相は定かでないが、フェリペはこの殺害にやむなしとの同意を与えたと推測される。結局、七八年三月、エスコベードはペレスの雇った殺し屋の手によって命を奪われた。マドリードではペレスの関与が噂されたが、反エボリ派の高官たちが進言したにもかかわらず、事件の調査はうやむやにされた。

一五七八年十月にドン・ファンが急逝して彼の残した文書類が翌年春にフェリペに届くと、事態は大きく変わった。ペレスがドン・ファンの野望をいたずらに現実味のあるものとして描き、エボリ公女と企んで機密情報の漏洩などで蓄財をなしていたことが明らかになったのである。七九年七月、ペレスとエボリ公女は反逆罪で捕えられた。

その後、裁判で重罪が確定しそうになると、一五九〇年四月、ペレスは監獄を抜け出してアラゴン王国に逃亡した。そして、九一年にアラゴンの首都サラゴーサの異端審問所の監獄に収容されるも、この措置に反発する民衆や貴族の動き(後述)があって、市内の騒動が広がるなかで逃亡に成功し、同年十一月、フランスに亡命した。それからペレスは、フランスとイングランドの反フェリペのキャンペーンに加担し、自分が聞きおよんだとするフェリペの数々の非道な行為を告発した。ペレスのあらわした『報告書』▲によれば、フェリペはドン・カルロスの殺害を命じた張本人であり、「専制は、人の微笑みのごとくフェリペには自然なものであった」。晩年のペレスはイングランドからもフランスからも相手にされずに一六一一年にパリで死去したが、オラニエ公の『弁明の書』、ラス・カサスの『簡潔な報告』と並んで、『報告書』は「黒い伝説」の形成におおいに寄与した。

▼『報告書』　この書物は、一五九一年にベアルンで出版され、増補加筆がされて九八年にパリで確定版が出された。オランダ語、フランス語、英語など各国語に翻訳されて広く流布し、フェリペとカスティーリャ王国への批判に利用された。

複合君主政とアラゴン王国

アラゴン連合王国の諸国は、スペイン・ハプスブルク家の支配下におかれても、統治契約主義に代表される中世以来の地域諸特権(フエロス)を失うことはなかった。このことは、当該の諸地域がより民主的であったとか、諸地域間の連帯が強かったということを意味しない。ちなみに、サラゴーサを首都とするアラゴン王国▲では領主の封建的諸権利が強く、領民たちは流血裁判権▲を持つ領主の支配に苦しめられていた。

したがって特権諸身分は、国王がマドリードの宮廷からアラゴン王国の持つ裁判権に介入するのではないかとつねに警戒していた。アントニオ・ペレスの家門はこの地に由来し、たとえカスティーリャの裁判権下で有罪になろうと、ひとたびこの地に逃亡すればペレスの裁判はサラゴーサで審理されねばならなかった。「複合君主政」の君主たるフェリペは、アラゴン王国裁判所の主張に苛立ちを示すが、諸国独自の裁判権を蹂躙《じゅうりん》するわけにはいかなかった。そこで異端審問所による、「異端者との交流」の廉での告発・逮捕という手段に訴えた。というのも異端者の裁判にあたるスペイン異端審問制は、諸国の持つ通常裁判権を超えて機能しえたからである。

ペレスの異端審問所への移送が企てられると、これに反発する貴族の扇動によって、一五九一年五月と九月に、サラゴーサ民衆を巻き込んだ暴動が惹起し

▼アラゴン王国　十一世紀に成立したイベリア半島北東部の王国で、首都はサラゴーサ。十二世紀半ばにアラゴン家はバルセローナ伯家と婚姻によって合同するが、アラゴン王国もカタルーニャ伯領もそれぞれ別の議会や法制度を維持した。以後、二つの国を包括した領域をアラゴン連合王国と称し、十三世紀初めにバレンシア王国がこれに加わる。アラゴン連合王国の統治形態は、領域規模が小さいとはいえ、のちのスペイン君主国のもととなる「複合君主政」であった。

▼流血裁判権　中世ヨーロッパでは、所領住民に対する裁判権を王権から手に入れる領主があらわれたが、なかには流血裁判権、つまり死罪を課す権利を持つ者もいた。中世後期には一般に王権の強化とともに領主は流血裁判権を失うが、アラゴン王国ではこの権利を近世まで手放さなかった。

た。十月にフェリペが事態を鎮めるためにカスティーリャ軍のサラゴーサ派遣を決定すると、アラゴン貴族の一部は徹底抗戦を呼びかけ、「自由の騎士たち」と自称する者たちの蜂起へとつながった。アラゴン大審院長官ラヌーサ▲のもとに二〇〇〇人の兵士がサラゴーサに集結したが、それ以上の地域内の広がりはみせず、カタルーニャやバレンシアからの支援もなかった。十一月、カスティーリャ軍一万二〇〇〇人を前に抵抗は容易《たやす》く瓦解した。ラヌーサや直接の首謀者は処刑され、二人の有力貴族も幽閉された。

　アラゴン王国の愛国的歴史による描き方とは異なって、この反乱でアラゴン王国の自治が廃止されたわけではなかった。翌一五九二年に開かれたアラゴン王国議会では、同王国の制度的改編は議論の対象とならなかった。しかし、アラゴン人でない副王を任命することや好ましくないアラゴン大審院長官を解雇することなど、制度の枠内で人的コントロールが大幅に強化された。「複合君主政」の統治技法に馴染んだフェリペにとっては、さらに大きな反発を招くような伝統的制度の廃止は避けつつ、王権に従属する人的ネットワークを築くことが重要だったのである。アラゴンの諸制度の廃止は、十八世紀初めのスペイン継承

▼フアン・デ・ラヌーサ・イ・ウレア（一五六四〜九一）　アラゴン貴族でフアン・デ・ラヌーサ・イ・ペレリョスの息子。ラヌサ家は長くアラゴン大審院長官（アラゴン王国地域特権の擁護役）を務めていた。一五九一年九月に亡くなると、二七歳の息子がこの要職を引き継いだが、アラゴン反乱の責任を問われ、同年十二月にフェリペの命によって斬首刑とされた。

戦争▲によるハプスブルク家からブルボン家への王朝の交代を待たなければならない。

民衆の不満の高まり

一五七〇年代から八〇年代初めにかけて対外政策においてかなりの成功を収めて、スペインは「名声」を勝ちえていたが、そのための王室財政への負担はもっぱらカスティーリャ王国に伸《の》し掛《か》かっていた。したがって、カスティーリャ民衆のフェリペに対する不満の声は、七〇年代半ばから次第に大きくなっていた。カスティーリャ王国議会に代議員を送る諸都市の寡頭支配層は貴族免税特権（イダルギーア）を持ち、王権の庇護のもとに在地の権益を享受していたために、国王の増税政策に反対の声をあげることはなかった。しかし民衆の不満をかわすためには、安易に増税を認めるわけにいかなくなった。七四年に取引税の増額が国王から提起されると王国議会は抵抗の姿勢を示し、減額して実施するという譲歩を勝ち取った。

無敵艦隊の敗北後にミリョネス税（五二頁参照）が提起されると、導入への承

▼**スペイン継承戦争**（一七〇一〜一四年）　スペイン・ハプスブルク家のカルロス二世は、一七〇〇年に嗣子なくして死去する。遺言で王位継承者にルイ十四世の孫フィリップを指名したが、列強の反発からスペイン継承戦争が起こった。ユトレヒト条約、ラシュタット和約によってフィリップの王位継承（フェリペ五世となる）が確定したが、ルイ十四世の覇権政策は頓挫した。この戦争の結果、スペイン国内ではブルボン家支配に抵抗したアラゴン連合王国諸国の伝統的諸制度が廃止された。

諸はえたものの、国王フェリペは税徴収の権限を諸都市に大幅に委ねざるをえず、実質的に国王に対する王国議会の力を強めることになった。王国議会が開催されると、フェリペの対外政策を公然と非難する発言さえあらわれるようになったのである。「カトリックの大義の擁護はキリスト教世界全体に共通である。……だからといって、スペインがより貧しくなって、フランス、フランドル、イングランドがより豊かになって良いのだろうか」、あるいは、「フランドルやフランスが聖なる信仰を持ち続けたくなく、滅びたいのならば、勝手に滅べばよい」という発言が議会代議員からなされるようになっていた。

さらに、不穏な動きも顕在化した。一五九一年十月、カスティーリャ中北部の都市アビラでフェリペを公然と批判するビラが貼られたのである。首都から派遣された役人は何人かの首謀者を逮捕し、一人を絞首刑に、一人を終身刑に処し、その他のものをガレー船送り▲とした。刑の厳しさは同時代人を驚愕させたが、フェリペにいわせると、アビラはかつてのコムニダーデス反乱の拠点であり、厳しく対処せねばならないということであった。こうした騒擾の兆しは、マドリード、トレード、セビーリャでも見出された。

▼**ガレー船送り**　近世ヨーロッパでは、罪人がガレー船(五九頁参照)での労役の刑に処せられることが多かった。この漕ぎ手となる刑はガレー船送りと呼ばれた。

さらに国王フェリペへの不満の表明は、中世から近世にかけての独特の宗教文化のなかであらわれた。キリスト教世界にとって「予言」は、神秘的現象としていたずらに否定されるものではなかった。十二世紀に活躍したフィオーレのヨアキム▲の終末論的予言は、コロンブス▲の航海を含めて、十六世紀のメシア待望論的行動に大きな影響を与えたとされる。そして十六世紀末になると、特に「スペインの差し迫った崩壊」と「新しい国王」による統治を予言する者が市井に登場した。

こうした街頭予言者の一人がミゲル・デ・ピエドロラ▲であった。イタリアで歩兵だったことから兵士予言者とも呼ばれたピエドロラは、一五八四年頃からマドリード市中で、イスラーム勢力が半島に侵攻した七一一年になぞらえた現況批判をおこなった。ピエドロラの予言者あるいは占い師としての評判は高まり、八七年にカスティーリャ王国議会は予言者としての信憑性を確かめるための委員会設置を取り決めるまでになった。ピエドロラの信奉者のなかには先述のアントニオ・ペレスの即時釈放を求める者たちも含まれており、事態を放置できなくなった国王フェリペは、異端審問長官キローガ、国王聴罪師チャベス、

▼フィオーレのヨアキム（一一三五〜一二〇二）　中世イタリアの神秘思想家で神学者。十三世紀半ば以後、フランチェスコ会急進派はヨアキムの著作に同修道会の使命が予告されていると考えた。

▼クリストファー・コロンブス（一四五一頃〜一五〇六）　定説ではイタリアのジェノヴァ出身の探検家・航海者・征服者（スペイン語名はクリストバル・コロン）。イサベル女王の支援を受けて、一四九二年十月十二日にバハマ諸島のサン・サルバドル島に到達。以後三回にわたりインディアスへの航海をおこなうが、アジアの一部であるとの認識を捨てなかった。コロンブスには航海士としての合理主義、香辛料や金を求める商人の心性、そして終末論に裏打ちされた宗教的使命感が併存していた。

▼ミゲル・デ・ピエドロラ・ベアモンテ（生没年不明）　スペイン北部ナバーラの出身で、イタリアで歩兵だったことから「兵士予言者」と称され、その予言はマドリードで評判を集めるが、一五八七年に異端審問所に逮捕される。翌年に「偽りの予言者」であると断定されて、二年間の閉居とマドリードからの永久追放となった。

そして国王施物分配吏ガルシア・デ・ロアイサ▲に、ピエドロラの言説の信憑性についての報告を求めた。

しかしその報告を待つ前に異端審問所はその逮捕に踏み切り、一五八八年末にはピエドロラを「偽りの予言者」であると断定して、二年間の閉居と首都からの永久追放を宣告した。国王が異端審問所を利用したことには意味があった。というのも異端審問所は秘密の審理をおこなえる唯一の裁判所であり、これによりフェリペを批判する説教がこれ以上公にされるのを防ぐことができたからである。

ルクレシアの夢

街頭予言者のほとんどは男性であった。中世末には修道女や半俗修道女（ベアタ）▲が幻視者や予言者として評判をとることも多々あったが、この頃からカトリック教会は「女の熱狂」▲とは距離をおいていた。男性でも高徳の女性でもない一介の平凡な女性ルクレシア・デ・レオン▲が帝都マドリードの人びとの耳目を引き信奉者を集めたのは、ピエドロラの場合と同様に、国王フェリペに対

▼ガルシア・デ・ロアイサ（一五三四〜九九）　スペインの聖職者で、サラマンカ大学で学んだ。一五八五年にフェリペ二世は、王の施物分配吏に任命し、併せて息子フェリペ（三世）の家庭教師とした。スペイン教会史に長け、『スペイン宗教会議集』（一五九三年）をあらわした。

▼半俗修道女　中世・近世において修道会には属さないが、優れて信心深い共同生活を送る女性は、半俗修道女（ベアタ）と呼ばれた。十三世紀に起こったフランドル地方のベギン会が有名。

▼「女の熱狂」　中世末には社会不安のなかで、ビンゲンのヒルデガルト、シエーナのカテリーナなど女性の透視者や幻視者が多くあらわれた。これらの幻視の信憑性に疑いをもつ者も多く、パリ大学の神学者ジャン・ジェルソン（一三六三〜一四二九）は、『真の幻視を偽りの幻視から区別する法』などの論考をあらわして、「女の熱狂」は「突飛で、変わりやすく、抑制を欠く」と警告した。

▼ルクレシア・デ・レオン（一五六八〜？）　マドリードの事務弁護士アロンソ・フランコ・デ・レオンの娘。当時の庶民女性らしく、読み

する不満の高まりがあったからである。

一五六八年にマドリードに生まれたルクレシア・デ・レオンは読み書きもできない庶民の女性であったが、予知夢をみることで市中の評判をえるようになった。トレード大聖堂参事会員のアロンソ・デ・メンドサ▲は評判を聞きつけて「夢占い」の可能性が高いと確信して、八七年に托鉢修道士ルカス・デ・アリエンデ(九六頁用語解説参照)にルクレシアの夢の内容を書き取るように命じたのである。

こうして残された夢の内容は帝都で流布され、信奉者のあいだで「新たな復興」信徒会(九六頁用語解説参照)が結成された。モーロ人の侵攻がふたたび起き、白い十字架のスカプラリオ(肩衣)を着た一軍がスペインの敵を倒すために進んで行くという予知夢があったからである。そしてトレードの近郊に、抵抗拠点となる「ラ・ソペーニャ」洞窟さえつくられた。その設計には、エル・エスコリアル修道院の建築家であったエレーラも関わったとされる。

一五八八年三月頃、フェリペは予言によって広められる悪口には黙認の姿勢をとっていたようである。「そのようなものを信じたりそれらに左右されたり

書きはできず、信仰心は篤かった。ルクレシアは自分が見た夢を語ることを好み、市中では彼女の夢が「予知夢」ではないかとの評判がたつ。一五八七年、トレード大聖堂参事会員アロンソ・デ・メンドサが評判を聞きつけ、托鉢修道士ルカス・デ・アリェンデにその夢を書き取るように命じる。フェリペ批判につながる「予知夢」の内容が広がると、一五九〇年、異端審問所はルクレシアの逮捕に踏み切った。五年にわたる投獄と審理を経て彼女は、鞭打ち一〇〇回とマドリードからの追放、そして二年間の閉居の判決を受けたが、その後の行方はわからない。

▼アロンソ・デ・メンドサ(一五三七〜一六〇三)　カスティーリャの大貴族家門メンドサ家に属した第二代コルーニャ伯の末子として生まれ、聖職の道を歩んだ。聖書研究に励み、一五七八年、トレード大聖堂参事会参事会員となるが、常軌を逸した行動がみられたという。メンドサはアントニオ・ペレスの支援者で、国王への不満を抱いていたとされる。ルクレシアの夢に関心を寄せ、夢の記録をつくらせるが、九〇年、異端審問所に逮捕される。夢の筆記は神学的関心によるとして、メンドサはさまざまな方策で異端審問所と争い、

しないことが、皇帝であった私の父の振る舞い方だった」と教皇使節との会見で述べている。しかし、予知夢の内容は、おそらくは支援者たちの希望に沿うかたちで、フェリペ批判をさらに強めることになった。同年八月の夢は、「プロテスタントの異端者が北からスペインに入り、トルコ人が南から、そしてイングランドがポルトガルから侵入し、モリスコは侵略者たちの協力者となる……スペインのハプスブルク家は滅びるだろう」というものだった。

一五九〇年五月、異端審問所はルクレシアの逮捕に踏み切った。その後、実に五年にわたる審理がおこなわれてルクレシアは鞭打ち一〇〇回とマドリードからの追放、そして修道院での二年間の閉居を命じられた。その後のルクレシアの行方はわからない。

このルクレシアの顛末は、国王フェリペは反対の声を闇雲に抹殺しはしなかった(あるいはできなかった)ことを証左するとともに、一定の広がりを超えるような国王批判の動きには異端審問所という宗教裁判の機関により「異端の廉」で逮捕して、それ以上の広がりを封じたことを明らかにする。フェリペは「慎重王」でありつつ、カトリック王として「信仰の逸脱行為」を理由として

審理を引き延ばしたが、最後には閉居を命じられ、トレード近郊の修道院で亡くなった。

▼**ルカス・デ・アリエンデ**(一五四五頃〜?)　カスティーリャの貧しい家の出で、一五八五年、フランシスコ会修道士となり、マドリードの有力貴族・市民の聴罪司祭となる一方、占星術と予言への関心から占星術師たちと関係をもった。さらにアントニオ・ペレスの熱心な支持者で、メンドサからルクレシアの夢の筆記を託されると、この夢の内容に国王批判を見出したと推測される。アリエンデもまた、九〇年に異端審問所に逮捕され、九六年に一年間の閉居を言い渡され、翌年にはシウダー・レアルのフランシスコ会修道院に籠った。

▼**「新たな復興」信徒会**　一五八〇年代末にルクレシアの夢を「予知夢」と見なした人びとが結成した信徒会。「新たな復興」信徒会と称され、会員は白い十字架の付いたスカプラリオ(肩衣)を身につけることとされた。その会員のほとんどは、兵士予言者ピエドロラの支持者で、アントニオ・ペレスの同調者であった。この組織の詳細は不明だが、肩衣は

マドリード国立歴史文書館に保存されている。

「新たな復興」信徒会のスカプラリオ（肩衣）

▼大西洋ペスト　スペイン北部のサンタンデールから蔓延して、一五九六年から一六〇二年にかけてスペイン全土に広がって、経済的低迷と人口減少に拍車をかけた。

反対の声を抑えたのであった。

しかし、一五八〇代から顕著となった国王への不満が収まることはなかった。大西洋ペスト▲が蔓延し、カスティーリャ経済が大きく後退するなか、九六年には三回目の国庫支払い停止宣言が出された。同年のある文書には、「多くの者が裸同然で裸足であり、空腹で亡くなっている。……家屋が崩れ、耕作や飼育は放棄されて、食料は途方もない値段である」と記されている。ヴェネツィア大使は、「政治はほとんど国王、ドン・ファン・デ・イディアケス、ドン・クリストバル・デ・モウラによって決められていた」と証言している。フェリペは重要な判断を一握りの評議会メンバーに委ね、エル・エスコリアル修道院に籠ることが多くなった。そして巷では、「国王が亡くならなければ、王国が亡くなる」という言葉が流布したとされる。

国王の遺言

一五九〇年代になると国王の身体は、明らかに病に蝕まれていた。当時としては珍しく歯磨きの習慣を持つなど健康に気を遣っていたフェリペは、スペイン・ハプスブルク家のなかでもっとも長寿の国王となったが、晩年に近づくと痛風の悪化に苦しんだ。ヴェネツィア大使は「国王は痛風の症状がひどく、どんなことにも楽しみを見出せない」と記している。歩行に困難を来すフェリペには、特別の椅子が誂《あつら》えられていた。そして、すでに多くの近親者を失った国王の大きな支えは、まだ手元に残されていた王女イサベル・クララ・エウヘニアだった。

実際にはさらに四年も永らえるのだが、一五九四年三月にフェリペ二世は、長文の遺言書をしたためている。前置きと四九項目からなるこの文書は、「複合君主政」の国王としてフェリペがこだわり続けた事柄を明確に示している。なお、九七年八月には、こまごまとした一七項目の遺言書補遺が付加された。その主な内容を紹介しておきたい。

前置きと最初の一九項目は、いわば私人の遺言に共通する内容で、自らのカトリック信仰の篤さを述べたうえで、死後はエル・エスコリアル修道院に埋葬されること、借財の支払いがなされること、死後にミサが催されること、貧者の救済がなされることなどが命じられている。

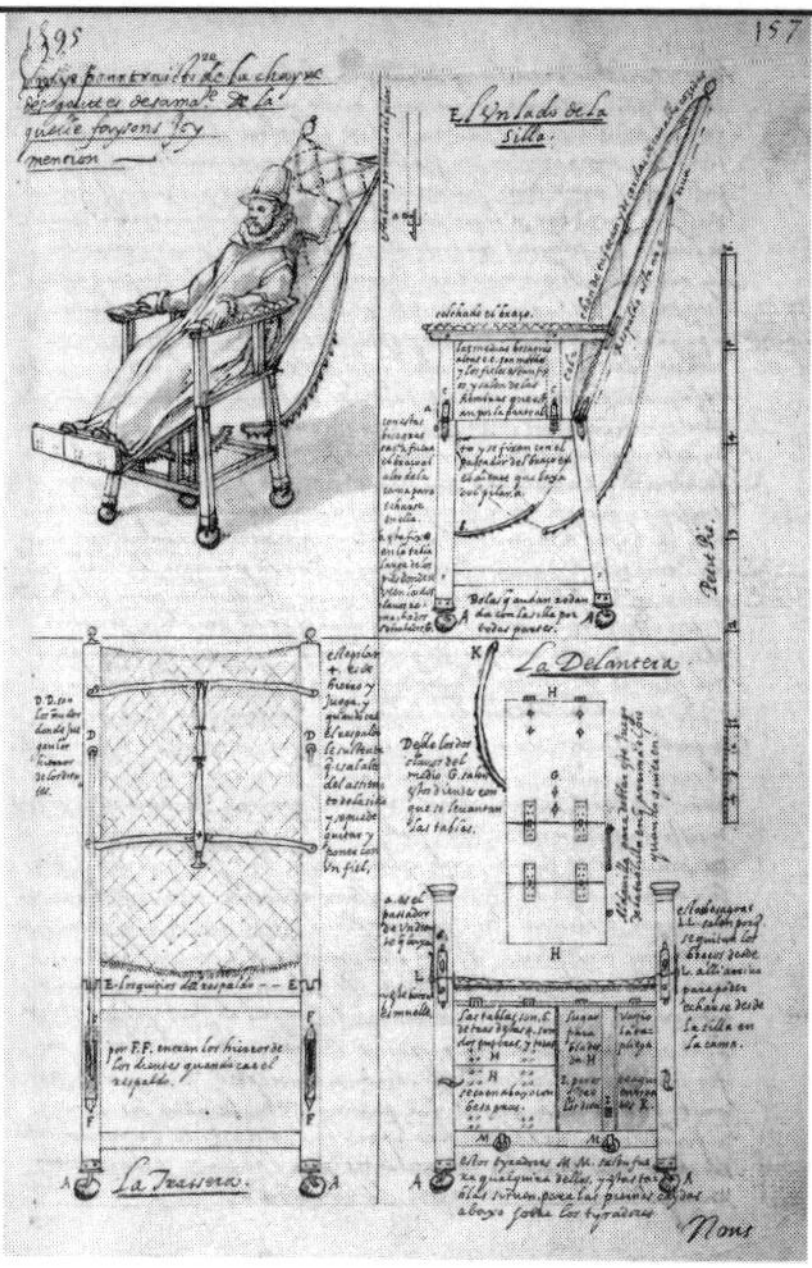

●—**フェリペ二世の晩年の椅子**（一五九五年）

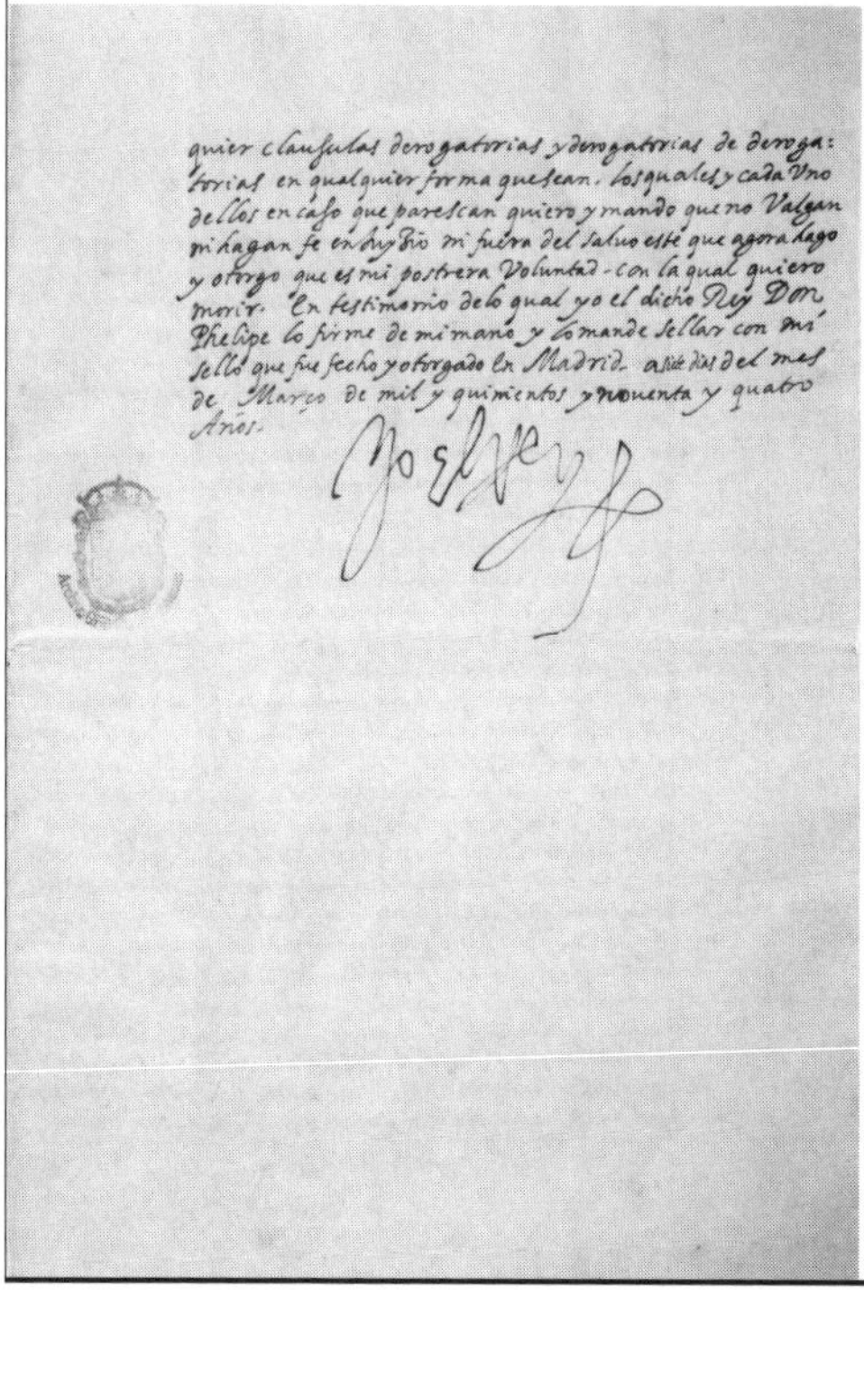

quier clausulas derogatorias y derogatorias de deroga:
torias en qualquier forma que sean. los quales y cada Vno
dellos en caso que parescan quiero y mando que no Valgan
ni hagan fe en Juyzio ni fuera del saluo esté que agora hago
y otorgo que es mi postrera Voluntad · con la qual quiero
morir. En testimonio de lo qual yo el dicho Rey Don
Phelipe lo firme de mi mano y lo mande sellar con mi
sello que fue fecho y otorgado en Madrid a siete dias del mes
de Março de mil y quinientos y nouenta y quatro
Años.

Yo el Rey

●—**フェリペ二世の遺言書**（一五九四年）　シマンカス文書館蔵。最後にフェリペの署名(Yo el Rey)

第二〇から第二八の項目は、スペイン君主国の統治に関わる指示で、新国王となる息子フェリペへの統治についての助言が含まれている。実はフェリペの時代には王室財政の逼迫《ひっぱく》から王領地や徴税権の売却がおこなわれているのだが、第二〇項では王位継承者は「王室財産の保持」に最大の配慮をすべしと指示している。続く第二一項では、スペイン君主国に包摂されたポルトガル王国は「カスティーリャ王国とつねに一体である」として、ポルトガルの保持を明言している。第二八項ではカトリック教会の教えを遵守することに加えて、「異端審問所を保護すること」を命じている。

第二九から第四二の項目は、王朝の継承権に関わることで、諸王国・諸領邦を列挙して、それらの継承の優先順位を細かく定めている。ここから継承権の序列にいかにフェリペがこだわっていたかが明らかになる。そして君主国の諸王国・諸領邦は王位継承王子であるフェリペにすべての優先権が与えられると第三〇項で規定する一方で、ネーデルラントはイサベル・クララ・エウヘニアに婚資として与える可能性を第三二項で言及している。そして九七年の遺言書補遺第二項において、「王女に婚資および封土として低地地方を与えること」

が明言される。なお第三七項で謳われるように、当然ながら王位継承者となるには、「真のカトリック教徒」であることが不可欠とされた。

第四三から第四八の項目はそのほかの事柄であるが、王朝に伝わる宝物の管理・保持、エル・エスコリアル修道院の十全な管理などが命じられている。なお、第四三項と遺言書補遺第八項、第九項を割いて「多くの聖遺骨」の保管を指示している。フェリペの聖遺骨崇拝は、生涯にわたって尋常ではなかった。

一五九七年にサヴォイア公国に嫁がせたカタリーナ・ミカエラを失って大きく落胆したフェリペは、九八年春には二カ月近くも動けない日々を過ごした。しかし、同年五月にヴェルヴァン条約を結んでフランスとの和平を勝ち取り、八月には王女イサベルの婚資とするためにネーデルラントの継承権を息子フェリペから切り離している。けれどもオーストリア大公アルブレヒトとイサベルの婚礼(九九年四月)への臨席を果たすことはできなかった。マドリードからエル・エスコリアル修道院にようやく移動したフェリペは、一五九八年九月十三日未明、修道院の自室でその長い生涯を閉じたのである。

しかしその魂は、カトリック教会の掟にしたがって、しばらくは煉獄をさま

▼イニゴ・イバニェス・デ・サンタ・クルス　かつてレルマ公の個人秘書であったイバニェスは、一五九九年に「国王フェリペ二世のおこなった統治に関してのイニゴ・イバニェス・デ・サンタ・クルスの覚書」をあらわす。レルマ公は新国王フェリペ三世の寵臣(バリード)となる人物で、この覚書は対外政策や対モリスコ政策の転換を擁護する意図を持っていた。

ようことになる。「栄えある記憶のカトリック王フェリペ二世の魂は、煉獄を経て栄光の地(天国)に入った」ことが認められたのは一六〇三年九月末のことであった。

だがこの頃には、イニゴ・イバニェス・デ・サンタ・クルス▲の『国王フェリペ二世の統治についての覚書』の手稿が、広く宮廷世界に流布していたとされる。「栄光の地におられるわれらが君主たる国王(フェリペ二世)の時代におこなわれた無知で混乱した統治の原因」という文言で始まるこの冊子は、ネーデルラント、フランス、イングランドに対して進められた対外政策に莫大な費用がかかったこと、「細部」にこだわって大局的にみることがなかったこと、さらには「女性や絵画、豪奢な庭園、大きな建物」などを愛好したことを糾弾している。時代は、新たな国王の新たな統治技法を要求していたのである。

●――ムリーリョの絵画（一六四五年頃）　フェリペの魂の昇天を目撃するフランシスコ会士と五人の住民。

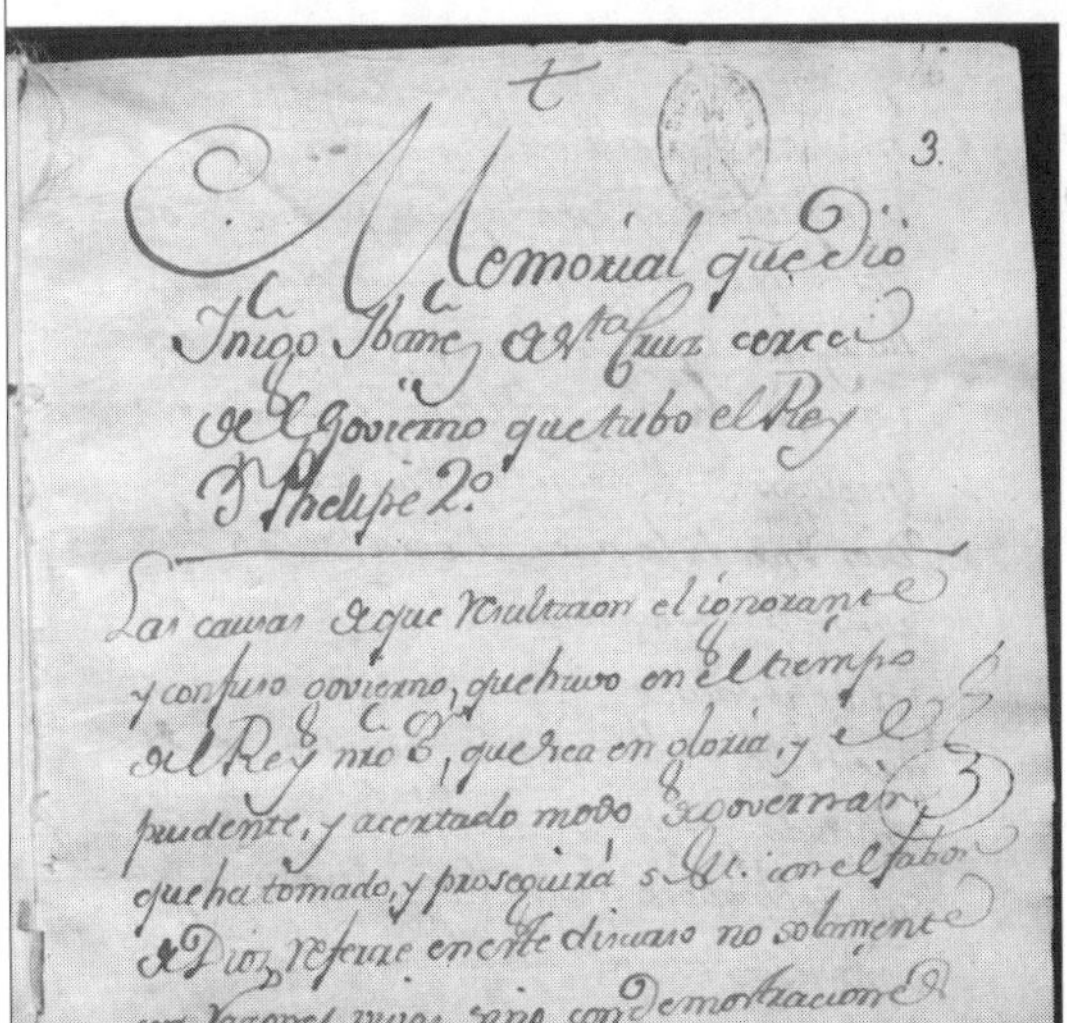

3.

Memorial que dio Inigo Ibanez ... cerca del Govierno que tubo el Rey D. Phelipe 2º.

Las causas de que resultaron el ignorante y confuso govierno, que huvo en el tiempo del Rey nro S., que sea en gloria, y el prudente, y acertado modo de governar, que ha tomado, y proseguirá S. M. con el favor de Dios, refiere en este discurso no solamente con razones vivas, sino con demostraciones tan claras, y fuertes, que quanto maiores y sutiles fueren los ingenios, quedarán más concluidos y convencidos de esta verdad desp. que no tienen respuesta.

Prim.a proposicion

Dios nuestro S. no miente ni puede mentir, porque es la suma ...

●――「覚書」の三頁目の写真　スペイン国立図書館蔵。

フェリペ２世とその時代

西暦	齢	おもな事項
1527	0	バリャドリーでフェリペが誕生（5月21日）
1535	8	フェリペのハウスホールドの設置
1539	12	母イサベルが死去。トレドからグラナダへの遺骸の葬列をフェリペが担う
1543	16	カルロスがスペインを離れる（～56)。スペイン国王代理にフェリペを任命。フェリペはポルトガル王女マリア・マヌエラと結婚
1545	18	息子ドン・カルロス王子の誕生。マリア・マヌエラが死去
1548	21	フェリペが「至福の旅行」に出発。イタリア，ドイツ，ネーデルラントに滞在（～1551）
1554	27	フェリペがイングランドに向かい，メアリー１世と結婚
1556	29	カルロス１世の退位，フェリペがフェリペ２世として即位
1557	30	第１回国庫支払い停止宣言。サン・カンタンの戦いでフランスに勝利
1558	31	父カルロスがユステ修道院で死去
1559	32	カトー・カンブレジ条約。フェリペがスペインに帰国。異端審問所がトレード大司教カランサを異端の廉で逮捕
1560	33	フェリペはイサベル・デ・ヴァロワと結婚
1561	34	マドリードに宮廷が置かれる
1563	36	エル・エスコリアル修道院の建立開始（～1584）
1566	39	ネーデルラントで聖画像破壊運動
1568	41	オランダ独立戦争（～1648)。モリスコ反乱の開始（～1571)。ドン・カルロスの死去。イサベル・デ・ヴァロワの死去
1570	43	フェリペはアナ・デ・アウストリアと結婚
1571	44	レパント沖の海戦でオスマン帝国に勝利
1575	48	第２回国庫支払い停止宣言。取引税の税率引き上げ
1576	49	アントウェルペンの略奪
1578	51	フアン・デ・エスコベードの暗殺。ポルトガルの国王セバスティアンがアルカセル・キビールの戦いで死去。王位継承王子フェリペの誕生
1579	52	ネーデルラント北部７州がユトレヒト同盟を結成。南部諸州はスペイン支配下にとどまる
1580	53	フェリペはポルトガル国王フィリペ１世として即位宣言（翌年ポルトガル議会が承認）
1581	54	事実上のオランダの独立。オラニエ公ウィレムは『弁明の書』を刊行
1588	61	スペイン無敵艦隊の敗北
1590	63	アントニオ・ペレスがサラゴサに逃亡
1591	64	アラゴンの騒擾，アラゴン大審院長官ラヌーサらの処刑
1594	67	フェリペは遺言書を作成
1596	69	第３回国庫支払い停止宣言。大西洋ペストの蔓延（～1602）
1598	71	フランスとのヴェルヴァン条約。フェリペ２世の死去（9月13日）

参考文献

J. H. エリオット（藤田一成訳）『スペイン帝国の興亡　1469 ～ 1716』岩波書店，1982 年

ヘンリー・ケイメン（立石博高訳）『スペインの黄金時代』岩波書店，2009 年

R. L. ケーガン（立石博高訳）『夢と異端審問――16 世紀スペインの一女性』松籟社，1994 年

エリー・ケドゥリー編（関哲行・立石博高・宮前安子訳）『スペインのユダヤ人』平凡社，1995 年

関哲行・立石博高編『大航海の時代――スペインと新大陸』同文舘，1998 年

立石博高編『スペイン・ポルトガル史』（新版 世界各国史 16）山川出版社，2000 年

立石博高編『スペイン帝国と複合君主政』昭和堂，2018 年

アントニオ・ドミンゲス・オルティス（立石博高訳）『スペイン 三千年の歴史』昭和堂，2006 年

西川和子『スペイン フェリペ二世の生涯――慎重王とヨーロッパ王家の王女たち』彩流社，2005 年

F. ブローデル（浜名優美訳）『地中海』全 5 巻　藤原書店，1991 ～ 95 年

B. ベナサール（宮前安子訳）『スペイン人――16 ～ 19 世紀の行動と心性』彩流社，2003 年

ジョゼフ・ペレス（小林一宏訳）『ハプスブルク・スペイン黒い伝説：帝国はなぜ憎まれるか』筑摩書房，2017 年

宮﨑和夫「スペイン帝国隆盛の時代」関哲行・立石博高・中塚次郎編『世界歴史大系 スペイン史 1 古代～近世』山川出版社，2008 年

Bennassar, B., *Confesionalización de la monarquía e Inquisición en la época de Felipe II*, Valladolid, Universidad de Valladolid, 2014.

Bouza, F., *Imagen y propaganda. Capítulos de historia cultural del reinado de Felipe II*, Madrid, Akal, 1998.

Idem (ed.), *Cartas de Felipe II a su hijas*, Madrid, Akal, 1998.

Édouard, S. *L'Empire imaginaire de Philippe II*, Paris, Honoré Champion, 2005.

Fernández Alvarez, M., *Felipe II y su tiempo*, Madrid, Espasa-Calpe, 1998.

González Sánchez-Molero, José Luis, *Felipe II: la mirada de un rey*, Madrid, Polifemo, 2014.

Kamen, H., *Philip of Spain*, New Haven, Yale University Press, 1997.

Martínez Millán, J. (dir.), *Felipe II (1527-1598): Europa y la Monarquía Católica*, 4 tomos, Madrid, Parteluz, 1998.

Idem (dir.), *La corte de Felipe II*, Madrid, Alianza, 1999.

Parker, G., *The Grand Strategy of Philip II*, New Haven, Yale University Press, 1998.

Idem, *Imprudent King: A New Life of Philip II*, New Haven, Yale University Press, 2014.

Pérez, J., *L'Espagne de Philippe II*, Paris, Fayard, 1999.

Thomas, H., *World Without End. The Global Empire of Philip II*, London, Allen Lane, 2014.

図版出典一覧

Geoffrey Parker, *Imprudent King: A New Life of Philip II*, Yale University Press, 2015. 扉, *103*上

Geoffrey Parker, *Felipe II: la biografía definitiva*, Booket, 2012. *21*, *39*上・中上・下, *72*, *77*, *81*下, *97*, *99*上

Pedro Núñez Granés, *Cartografía madrileña: 1635-1982*, Ayuntamiento de Madrid, 1982. *25*下

Henry Kamen, *Felipe de España*, Yale University Press, 1998. *43*上・下

Erika Spivakovsky, *Epistolario Familiar*, Madrid: Espasa-Calpe, 1975. *78*

Manuel Fernández Álvarez, *Testamento de Felipe II: Edición Facsímil*, Madrid: Editora Nacional, 1982. *99*下

著者提供 *103*下

ユニフォトプレス提供 *21*, *38*, *65*下

PPS通信社提供 カバー表, カバー裏, *21*下, *25*上, *33*, *39*中下, *61*上・中・下, *65*上, *81*上

立石博高(たていし　ひろたか)
1951年生まれ
東京都立大学大学院人文科学研究科博士課程中退
専攻，スペイン近代史
東京外国語大学名誉教授

主要著書

『世界の食文化 14 スペイン』(農山漁村文化協会 2007)
『国民国家と市民――包摂と排除の諸相』(共編著，山川出版社 2009)
『概説 近代スペイン文化史』(編著，ミネルヴァ書房 2015)
『スペインの歴史を知るための 50 章』(共編著，明石書店 2016)
『スペイン帝国と複合君主政』(編著，昭和堂 2018)
『歴史のなかのカタルーニャ――史実化していく「神話」の背景』(山川出版社 2020)

世界史リブレット人 52

フェリペ2世

スペイン帝国《ていこく》のカトリック王《おう》

2020年9月20日　1版1刷印刷
2020年9月30日　1版1刷発行

著者：立石博高《たていしひろたか》

発行者：野澤伸平

装幀者：菊地信義＋水戸部功

発行所：株式会社 山川出版社

〒101-0047　東京都千代田区内神田1-13-13
電話　03-3293-8131(営業) 8134(編集)
https://www.yamakawa.co.jp/
振替　00120-9-43993

印刷所：株式会社 プロスト

製本所：株式会社 ブロケード

 ISBN978-4-634-35052-6

世界史リブレット 人

1 ハンムラビ王 — 中田一郎
2 ラメセス2世 — 高宮いづみ・河合 望
3 ネブカドネザル2世 — 山田重郎
4 ペリクレス — 前沢伸行
5 アレクサンドロス大王 — 澤田典子
6 古代ギリシアの思想家たち — 髙畠純夫
7 カエサル — 毛利 晶
8 ユリアヌス — 南川高志
9 ユスティニアヌス大帝 — 大月康弘
10 孔子 — 高木智見
11 商鞅 — 太田幸男
12 武帝 — 冨田健之
13 光武帝 — 小嶋茂稔
14 冒頓単于 — 沢田 勲
15 曹操 — 石井 仁
16 孝文帝 — 佐川英治
17 柳宗元 — 戸崎哲彦
18 安禄山 — 森部 豊
19 アリー — 森本一夫
20 マンスール — 高野太輔
21 アブド・アッラフマーン1世 — 佐藤健太郎
22 ニザーム・アルムルク — 井谷鋼造
23 ラシード・アッディーン — 渡部良子
24 サラディン — 松田俊道
25 ガザーリー — 青柳かおる
26 イブン・ハルドゥーン — 吉村武典
27 レオ・アフリカヌス — 堀井 優
28 イブン・ジュバイルとイブン・バットゥータ — 家島彦一
29 カール大帝 — 佐藤彰一
30 ノルマンディー公ウィリアム — 有光秀行
31 ウルバヌス2世と十字軍 — 池谷文夫
32 ジャンヌ・ダルクと百年戦争 — 加藤 玄
33 王安石 — 小林義廣
34 クビライ・カン — 堤 一昭
35 マルコ・ポーロ — 海老澤哲雄
36 ティムール — 久保一之
37 李成桂 — 桑野栄治
38 永楽帝 — 荷見守義
39 アルタン — 井上 治
40 ホンタイジ — 楠木賢道
41 李自成 — 佐藤文俊
42 鄭成功 — 奈良修一
43 康熙帝 — 岸本美緒
44 スレイマン1世 — 林佳世子
45 アッバース1世 — 前田弘毅
46 バーブル — 間野英二
47 大航海の人々 — 合田昌史
48 コルテスとピサロ — 安村直己
49 マキァヴェッリ — 北田葉子
50 ルター — 森田安一
51 エリザベス女王 — 青木道彦
52 フェリペ2世 — 立石博高
53 クロムウェル — 小泉 徹
54 ルイ14世とリシュリュー — 林田伸一
55 フリードリヒ大王 — 屋敷二郎
56 マリア・テレジアとヨーゼフ2世 — 稲野 強
57 ピョートル大帝 — 土肥恒之
58 コシューシコ — 小山 哲
59 ワットとスティーヴンソン — 大野 誠
60 ワシントン — 中野勝郎
61 ロベスピエール — 松浦義弘
62 ナポレオン — 上垣 豊
63 ヴィクトリア女王、ディズレーリ、グラッドストン — 勝田俊輔
64 ガリバルディ — 北村暁夫
65 ビスマルク — 大内宏一
66 リンカン — 岡山 裕
67 ムハンマド・アリー — 加藤 博
68 ラッフルズ — 坪井祐司
69 チュラロンコン — 小泉順子
70 魏源と林則徐 — 大谷敏夫
71 曾国藩 — 清水 稔
72 金玉均 — 原田 環
73 レーニン — 和田春樹
74 ウィルソン — 長沼秀世
75 ビリャとサパタ — 国本伊代
76 西太后 — 深澤秀男
77 梁啓超 — 高柳信夫
78 袁世凱 — 田中比呂志
79 宋慶齢 — 石川照子
80 近代中央アジアの群像 — 小松久男
81 ファン・ボイ・チャウ — 今井昭夫
82 ホセ・リサール — 池端雪浦
83 アフガーニー — 小杉 泰
84 ムハンマド・アブドゥフ — 松本 弘
85 イブン・アブドゥル・ワッハーブとイブン・サウード — 保坂修司
86 ケマル・アタテュルク — 設樂國廣
87 ローザ・ルクセンブルク — 姫岡とし子
88 ムッソリーニ — 高橋 進
89 スターリン — 中嶋 毅
90 陳独秀 — 長堀祐造
91 ガンディー — 井坂理穂
92 スカルノ — 鈴木恒之
93 フランクリン・ローズヴェルト — 久保文明
94 汪兆銘 — 劉 傑
95 ヒトラー — 木村靖二
96 ド・ゴール — 渡辺和行
97 チャーチル — 木畑洋一
98 ナセル — 池田美佐子
99 ンクルマ — 砂野幸稔
100 ホメイニー — 富田健次

〈シロヌキ数字は既刊〉